# DOREEN VIRTUE

# Feenzauber

## MALBUCH

Illustrationen von
Norma J. Burnell

L·E·O

*»Lass stets ein wenig Platz in deinem Garten,*
*damit die Feen darin tanzen können.«*

L · E · O Verlag ist ein Imprint der Scorpio Verlag GmbH & Co. KG,
herausgegeben von Michael Görden

Published by Arrangement with Hay House Inc. Carlsbad, CA
Die Originalausgabe ist erstmals 2016 bei Hay House Inc. erschienen.
Titel der englischen Originalausgabe: Messages from the Fairies Colouring Book

MIX
Papier aus verantwor-
tungsvollen Quellen
FSC® C084279

© 2016 by Doreen Virtue © Illustrationen by Norma J. Burnell
© der deutschen Ausgabe 2017 L · E · O Verlag
in der Scorpio Verlag GmbH & Co. KG, München
Umschlaggestaltung: Torge Niemann, WRAGE,
unter Verwendung des Originalmotivs von Norma J. Burnell
Übersetzung: Thomas Görden, Linz am Rhein
Satz: Danai Afrati & Robert Gigler, München
Druck und Bindung: Print Consult GmbH, München
ISBN 978-3-95736-078-6
Alle Rechte vorbehalten

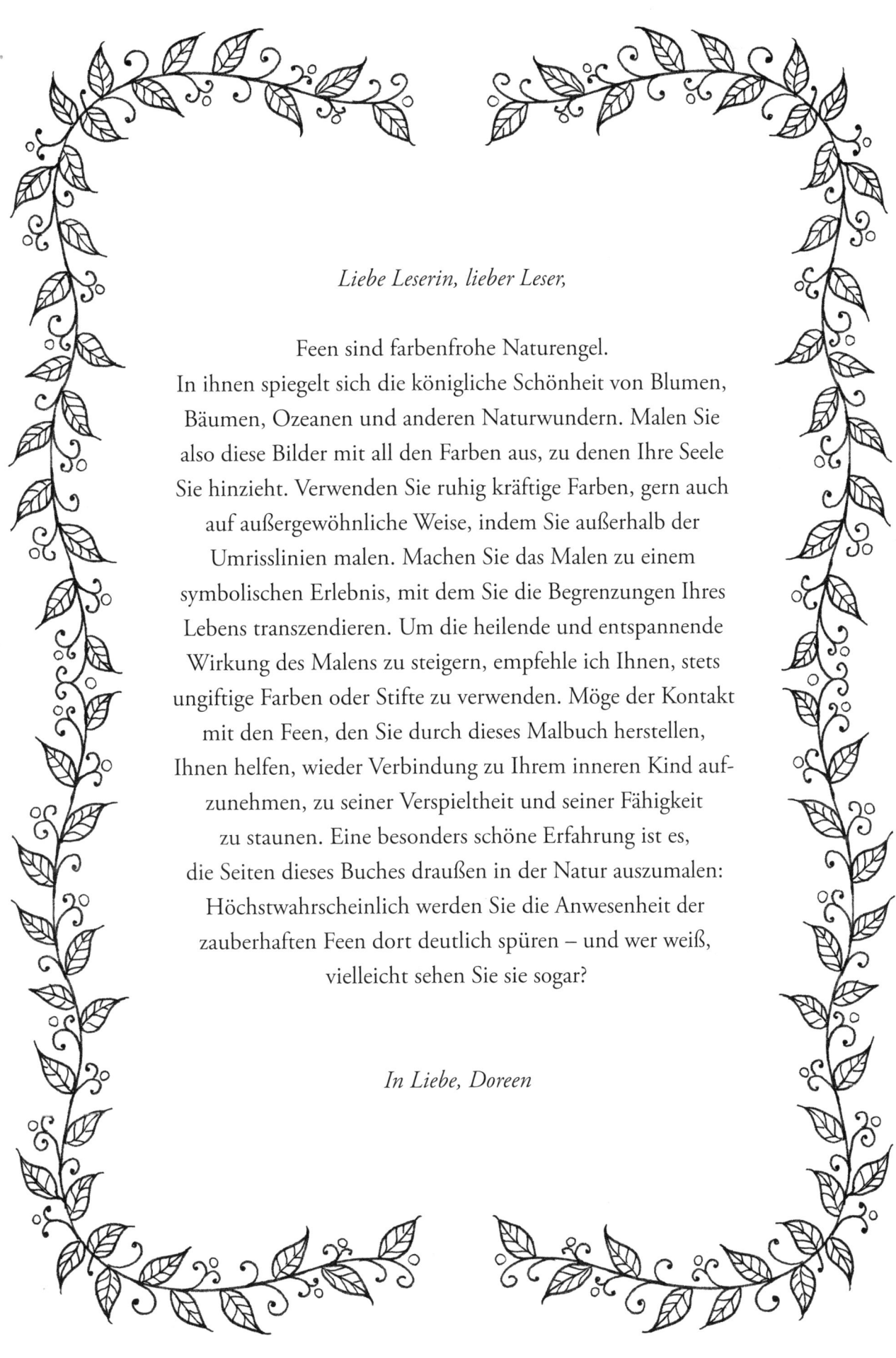

*Liebe Leserin, lieber Leser,*

Feen sind farbenfrohe Naturengel.
In ihnen spiegelt sich die königliche Schönheit von Blumen,
Bäumen, Ozeanen und anderen Naturwundern. Malen Sie
also diese Bilder mit all den Farben aus, zu denen Ihre Seele
Sie hinzieht. Verwenden Sie ruhig kräftige Farben, gern auch
auf außergewöhnliche Weise, indem Sie außerhalb der
Umrisslinien malen. Machen Sie das Malen zu einem
symbolischen Erlebnis, mit dem Sie die Begrenzungen Ihres
Lebens transzendieren. Um die heilende und entspannende
Wirkung des Malens zu steigern, empfehle ich Ihnen, stets
ungiftige Farben oder Stifte zu verwenden. Möge der Kontakt
mit den Feen, den Sie durch dieses Malbuch herstellen,
Ihnen helfen, wieder Verbindung zu Ihrem inneren Kind auf-
zunehmen, zu seiner Verspieltheit und seiner Fähigkeit
zu staunen. Eine besonders schöne Erfahrung ist es,
die Seiten dieses Buches draußen in der Natur auszumalen:
Höchstwahrscheinlich werden Sie die Anwesenheit der
zauberhaften Feen dort deutlich spüren – und wer weiß,
vielleicht sehen Sie sie sogar?

*In Liebe, Doreen*

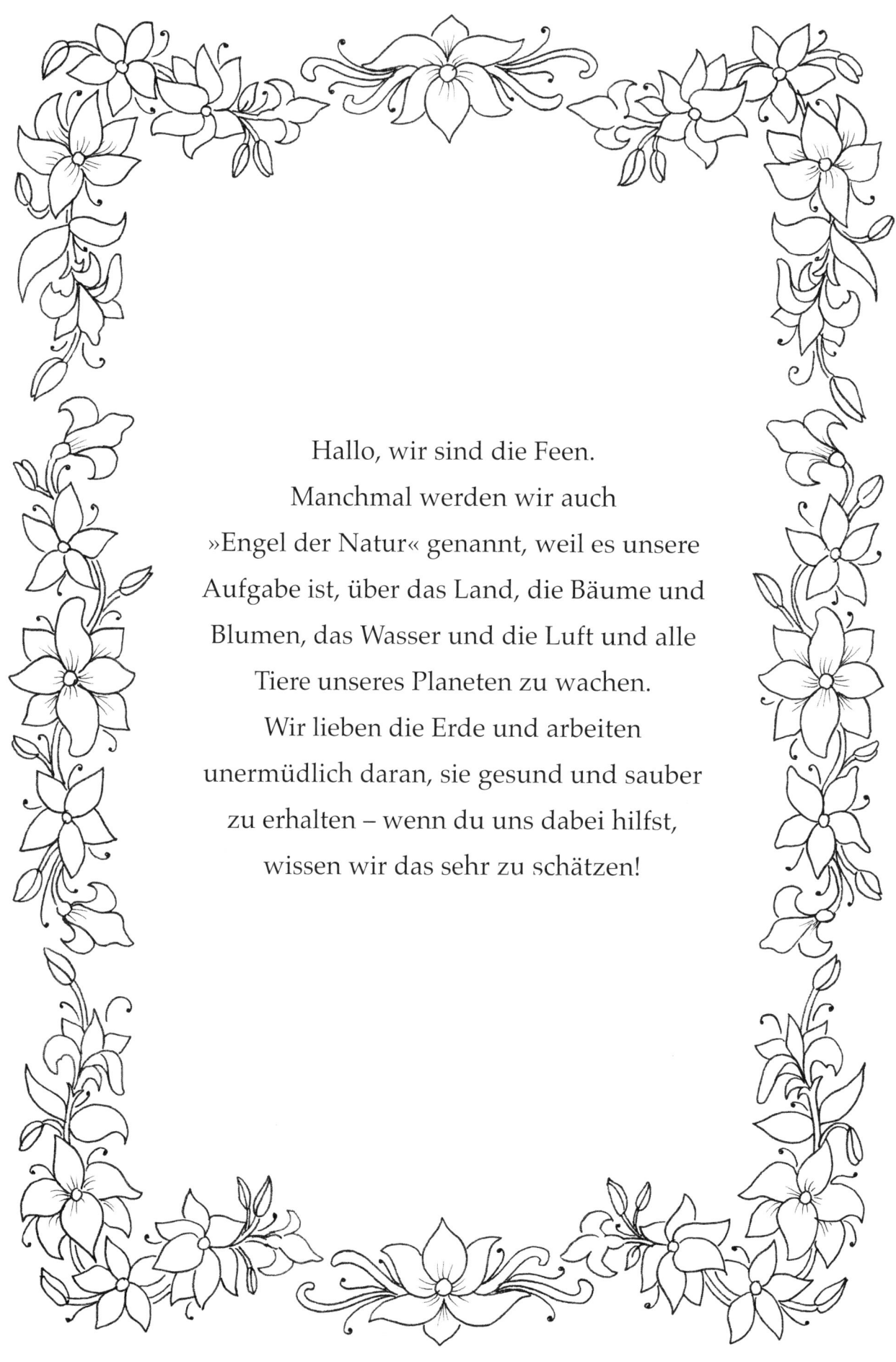

Hallo, wir sind die Feen.
Manchmal werden wir auch
»Engel der Natur« genannt, weil es unsere
Aufgabe ist, über das Land, die Bäume und
Blumen, das Wasser und die Luft und alle
Tiere unseres Planeten zu wachen.
Wir lieben die Erde und arbeiten
unermüdlich daran, sie gesund und sauber
zu erhalten – wenn du uns dabei hilfst,
wissen wir das sehr zu schätzen!

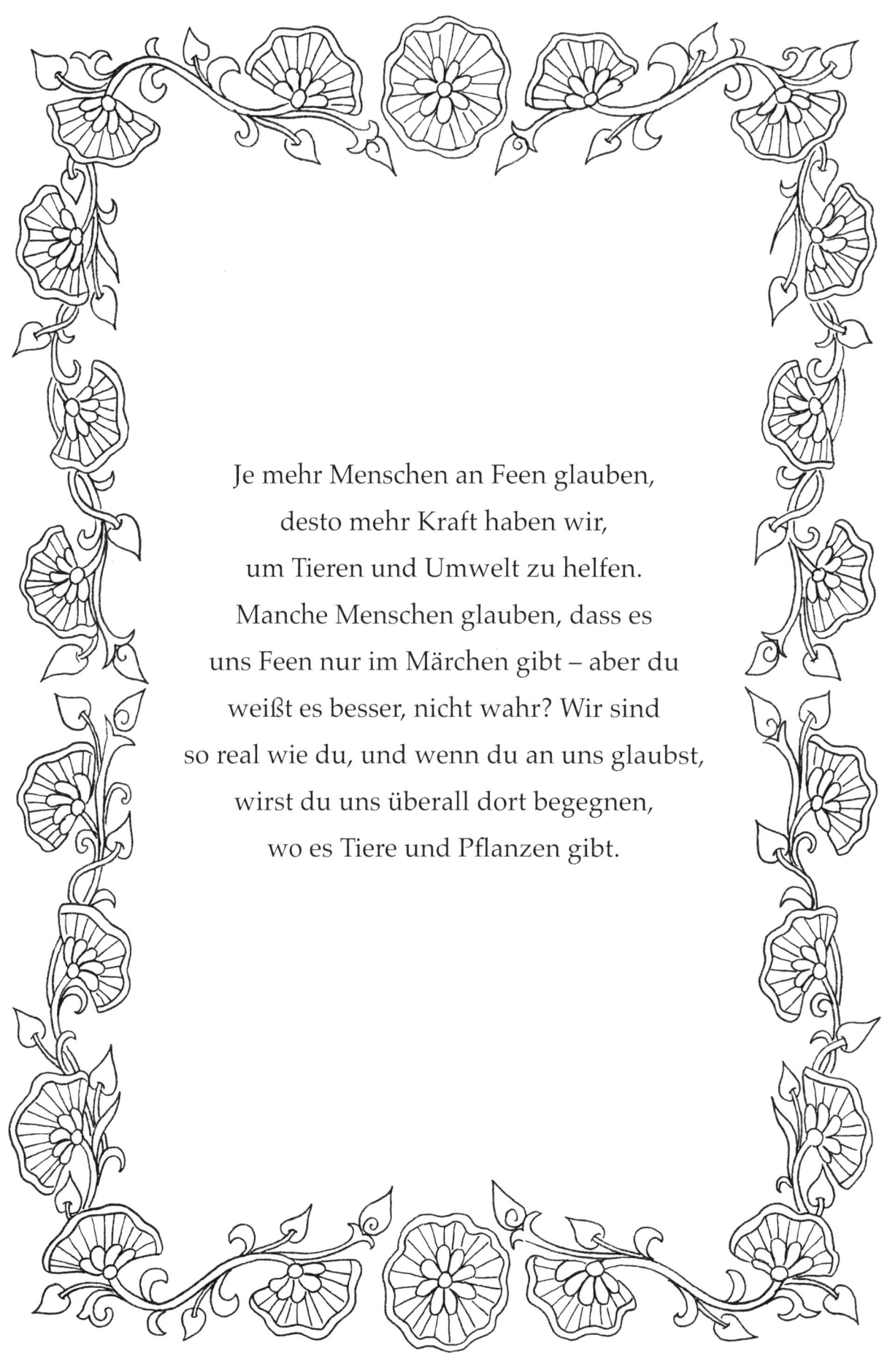

Je mehr Menschen an Feen glauben,
desto mehr Kraft haben wir,
um Tieren und Umwelt zu helfen.
Manche Menschen glauben, dass es
uns Feen nur im Märchen gibt – aber du
weißt es besser, nicht wahr? Wir sind
so real wie du, und wenn du an uns glaubst,
wirst du uns überall dort begegnen,
wo es Tiere und Pflanzen gibt.

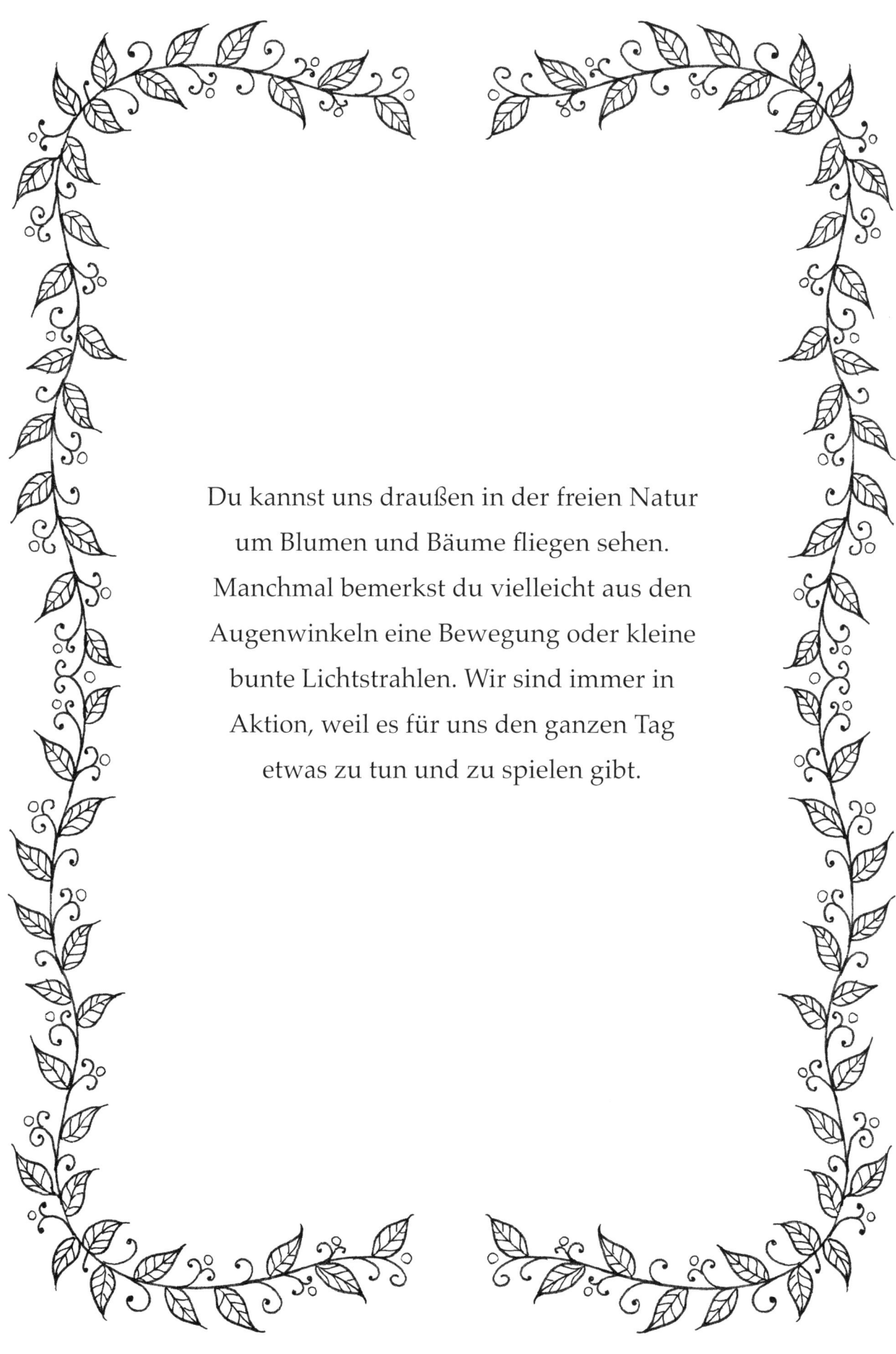

Du kannst uns draußen in der freien Natur
um Blumen und Bäume fliegen sehen.
Manchmal bemerkst du vielleicht aus den
Augenwinkeln eine Bewegung oder kleine
bunte Lichtstrahlen. Wir sind immer in
Aktion, weil es für uns den ganzen Tag
etwas zu tun und zu spielen gibt.

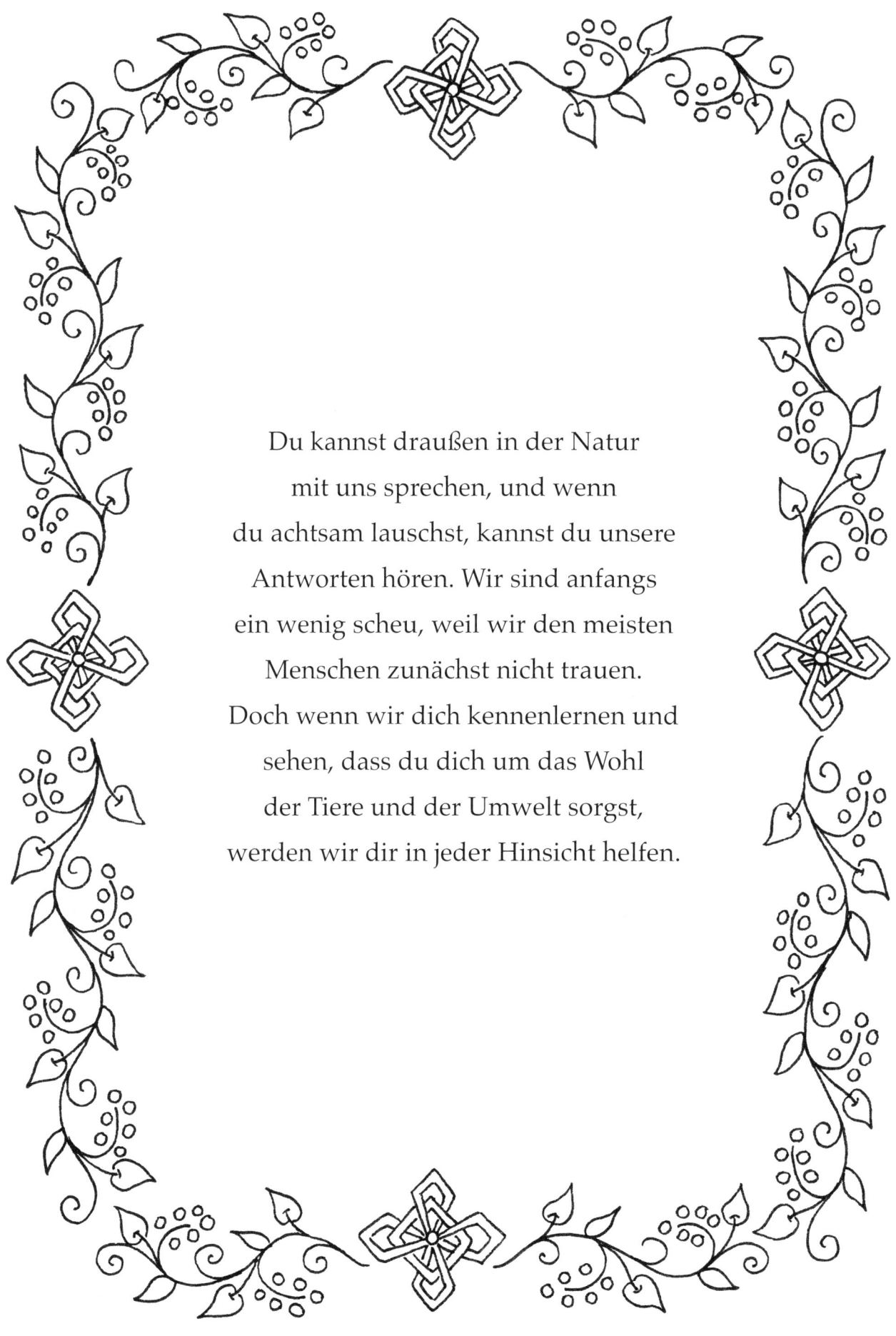

Du kannst draußen in der Natur
mit uns sprechen, und wenn
du achtsam lauschst, kannst du unsere
Antworten hören. Wir sind anfangs
ein wenig scheu, weil wir den meisten
Menschen zunächst nicht trauen.
Doch wenn wir dich kennenlernen und
sehen, dass du dich um das Wohl
der Tiere und der Umwelt sorgst,
werden wir dir in jeder Hinsicht helfen.

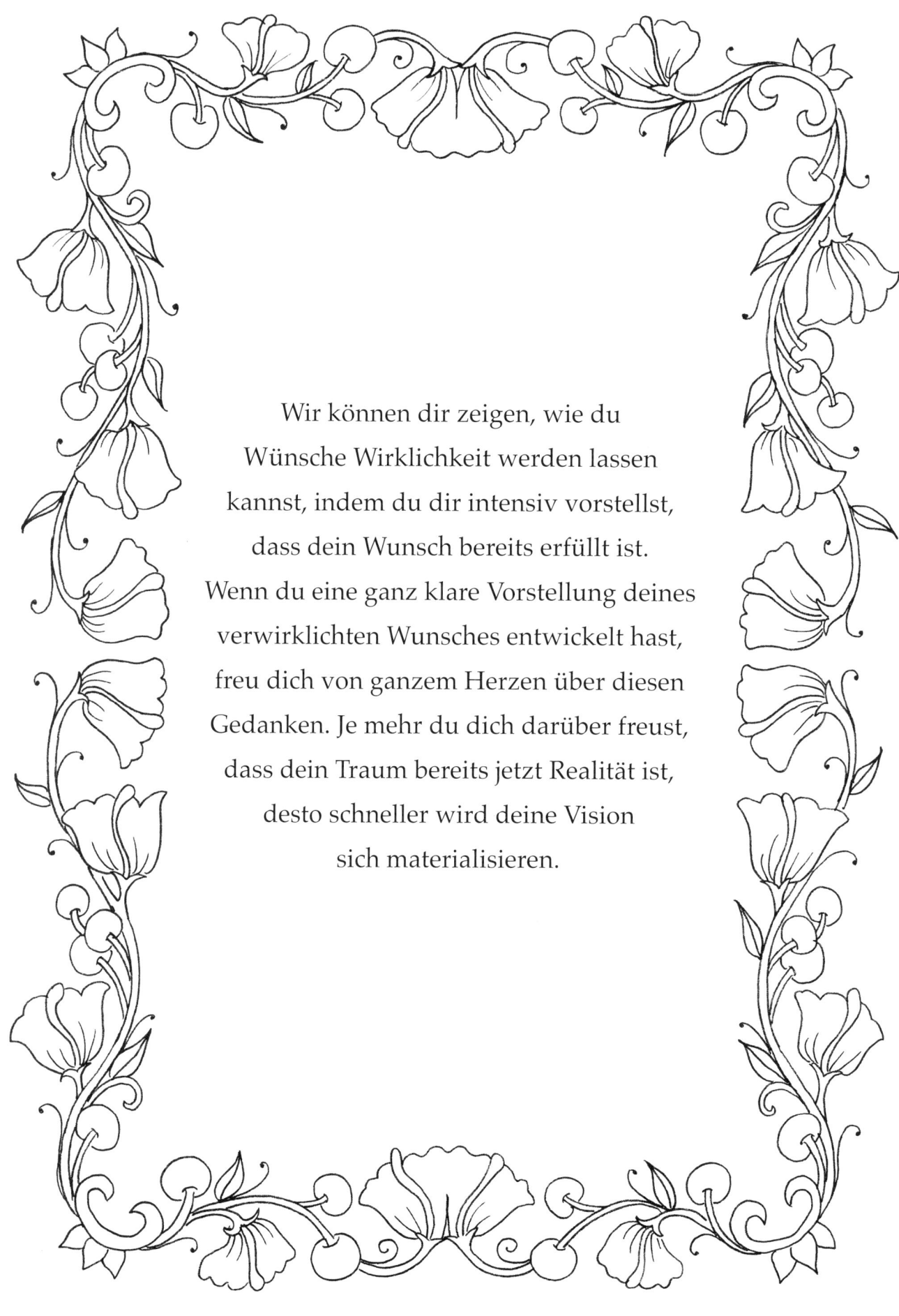

Wir können dir zeigen, wie du
Wünsche Wirklichkeit werden lassen
kannst, indem du dir intensiv vorstellst,
dass dein Wunsch bereits erfüllt ist.
Wenn du eine ganz klare Vorstellung deines
verwirklichten Wunsches entwickelt hast,
freu dich von ganzem Herzen über diesen
Gedanken. Je mehr du dich darüber freust,
dass dein Traum bereits jetzt Realität ist,
desto schneller wird deine Vision
sich materialisieren.

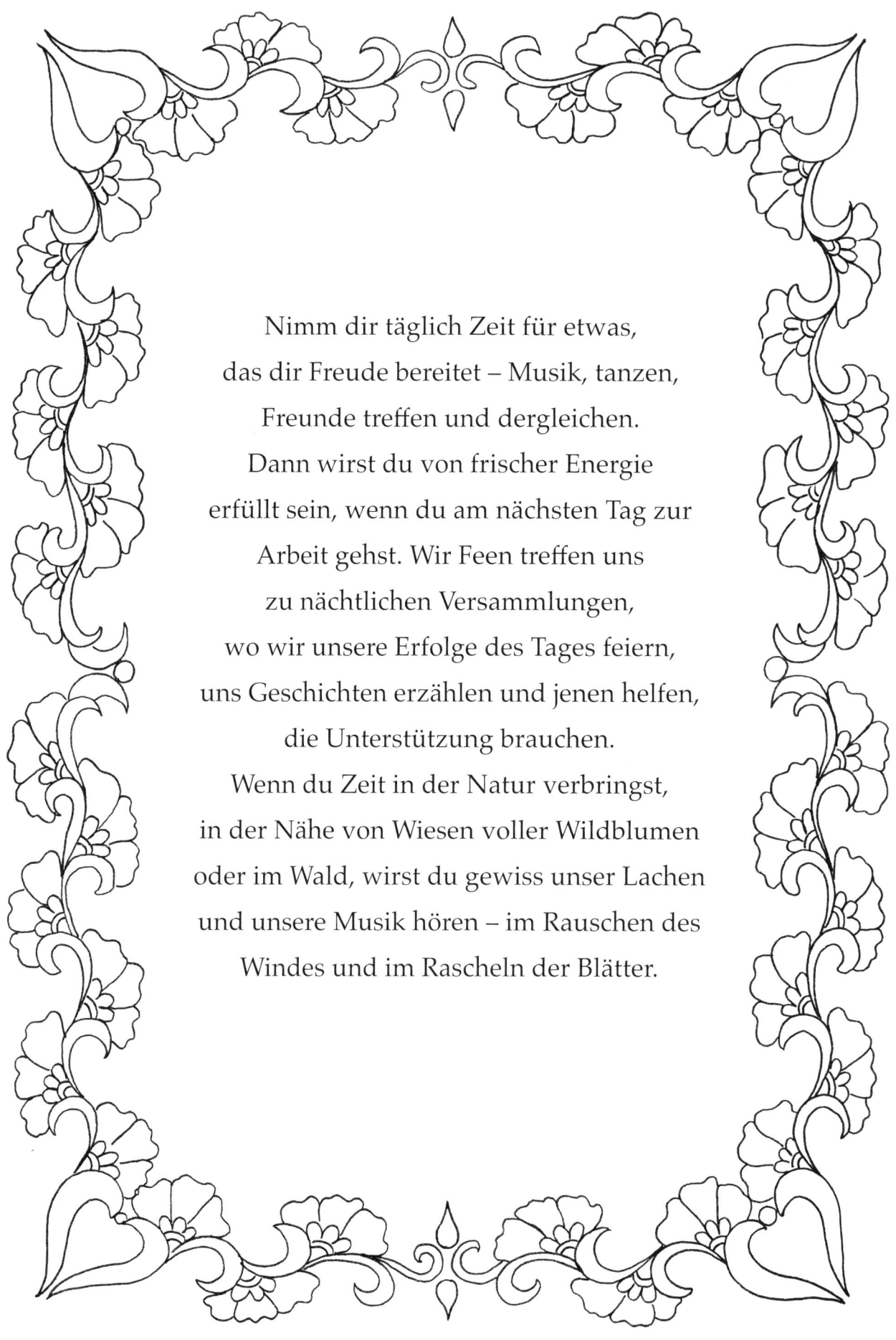

Nimm dir täglich Zeit für etwas,
das dir Freude bereitet – Musik, tanzen,
Freunde treffen und dergleichen.
Dann wirst du von frischer Energie
erfüllt sein, wenn du am nächsten Tag zur
Arbeit gehst. Wir Feen treffen uns
zu nächtlichen Versammlungen,
wo wir unsere Erfolge des Tages feiern,
uns Geschichten erzählen und jenen helfen,
die Unterstützung brauchen.
Wenn du Zeit in der Natur verbringst,
in der Nähe von Wiesen voller Wildblumen
oder im Wald, wirst du gewiss unser Lachen
und unsere Musik hören – im Rauschen des
Windes und im Rascheln der Blätter.

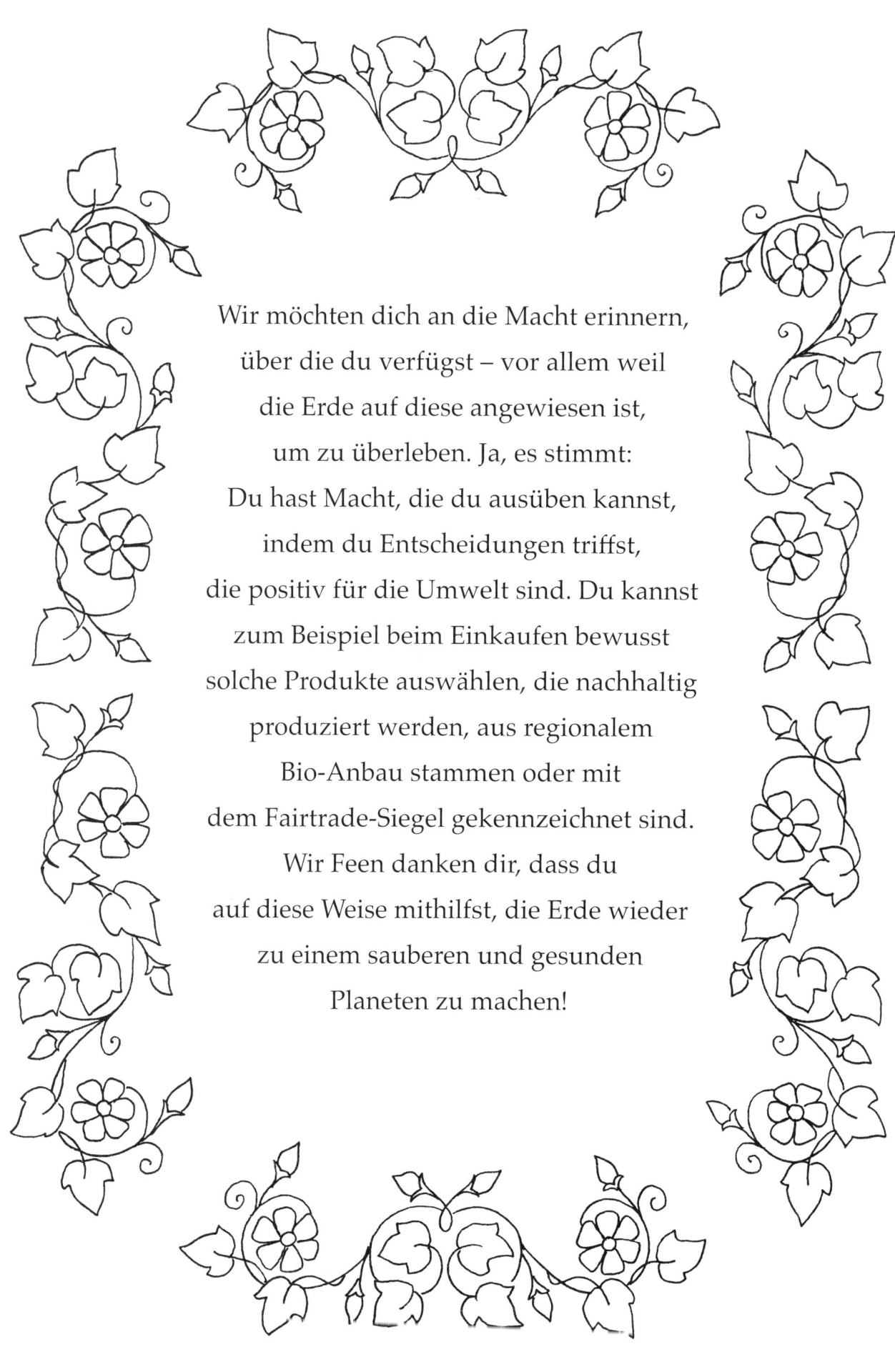

Wir möchten dich an die Macht erinnern,
über die du verfügst – vor allem weil
die Erde auf diese angewiesen ist,
um zu überleben. Ja, es stimmt:
Du hast Macht, die du ausüben kannst,
indem du Entscheidungen triffst,
die positiv für die Umwelt sind. Du kannst
zum Beispiel beim Einkaufen bewusst
solche Produkte auswählen, die nachhaltig
produziert werden, aus regionalem
Bio-Anbau stammen oder mit
dem Fairtrade-Siegel gekennzeichnet sind.
Wir Feen danken dir, dass du
auf diese Weise mithilfst, die Erde wieder
zu einem sauberen und gesunden
Planeten zu machen!

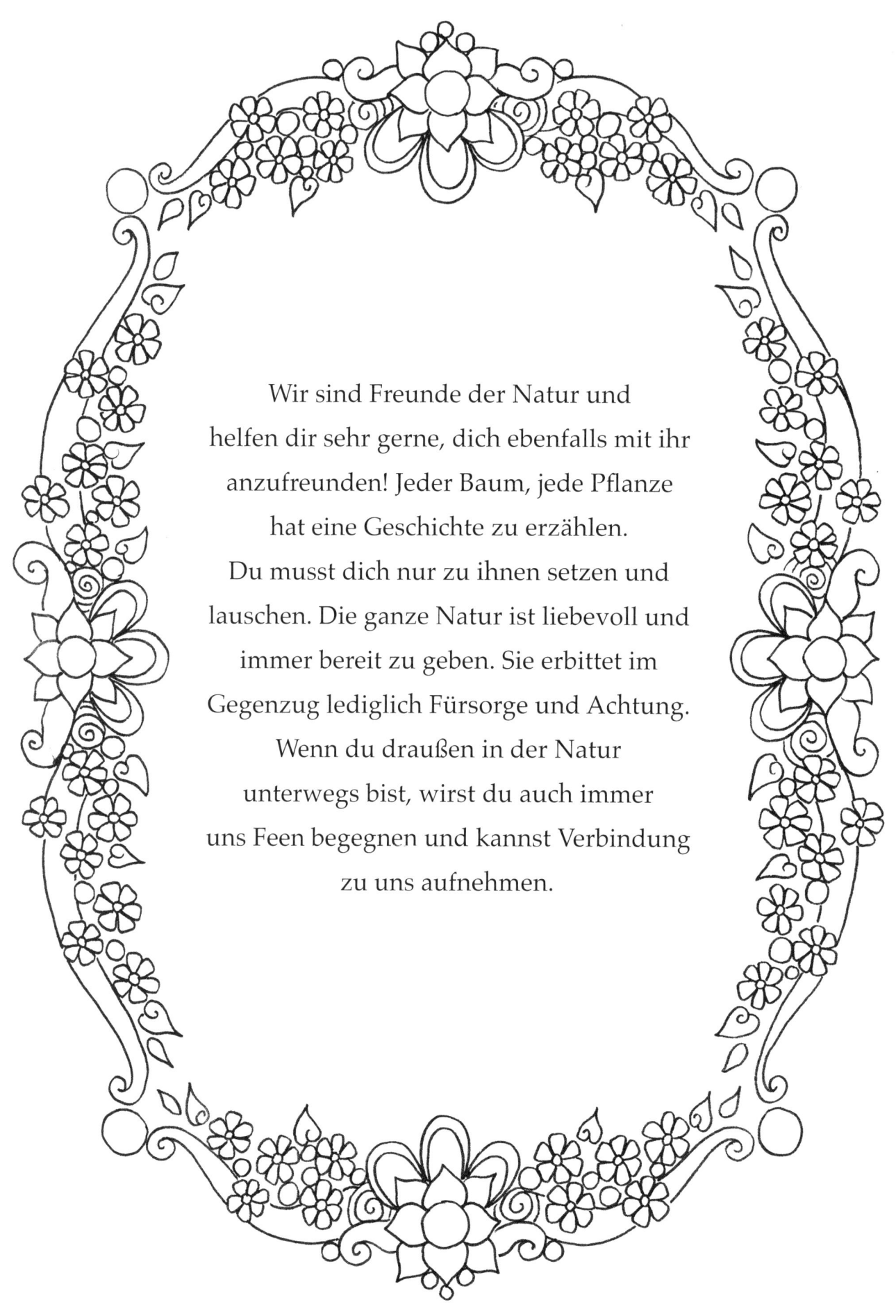

Wir sind Freunde der Natur und
helfen dir sehr gerne, dich ebenfalls mit ihr
anzufreunden! Jeder Baum, jede Pflanze
hat eine Geschichte zu erzählen.
Du musst dich nur zu ihnen setzen und
lauschen. Die ganze Natur ist liebevoll und
immer bereit zu geben. Sie erbittet im
Gegenzug lediglich Fürsorge und Achtung.
Wenn du draußen in der Natur
unterwegs bist, wirst du auch immer
uns Feen begegnen und kannst Verbindung
zu uns aufnehmen.

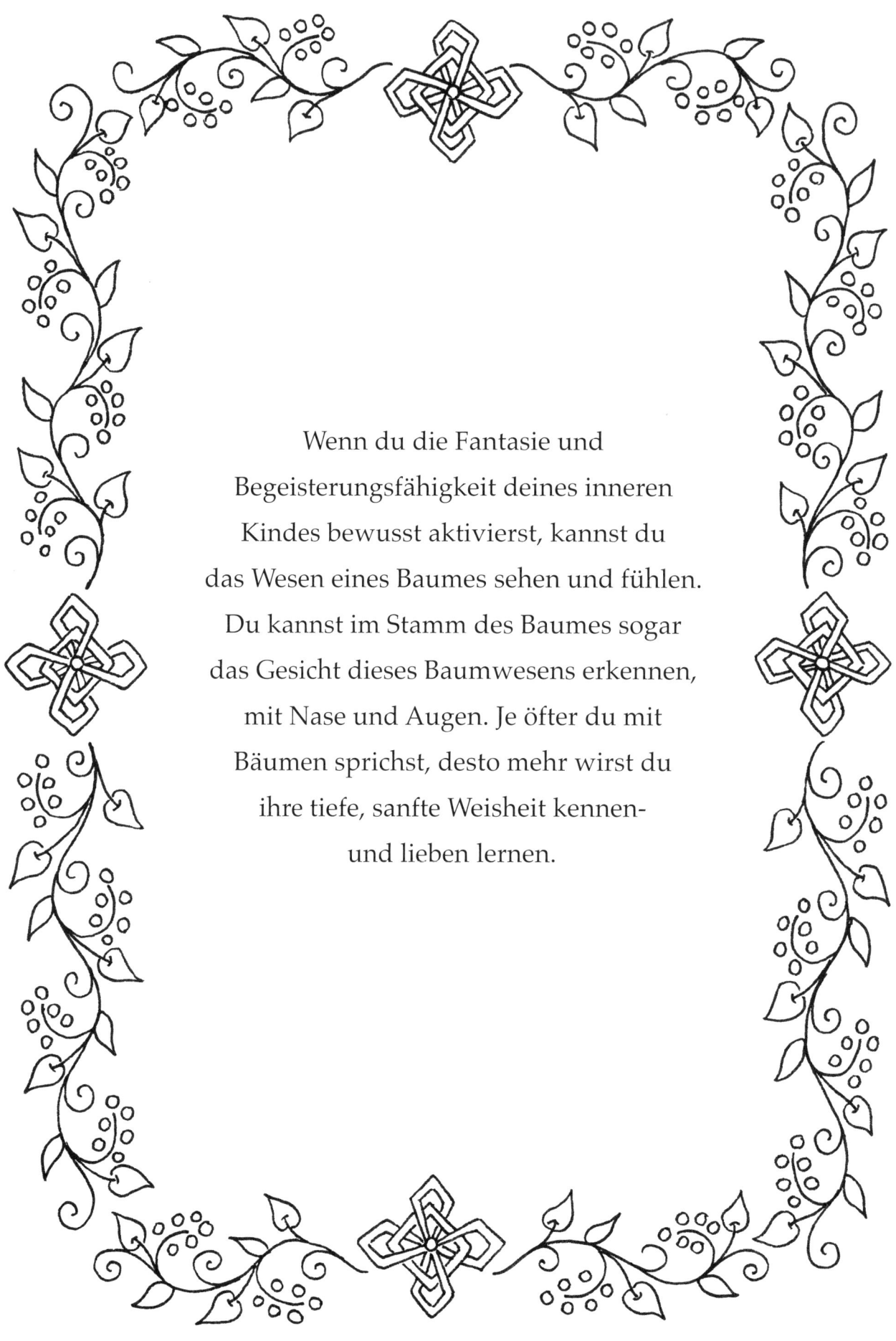

Wenn du die Fantasie und
Begeisterungsfähigkeit deines inneren
Kindes bewusst aktivierst, kannst du
das Wesen eines Baumes sehen und fühlen.
Du kannst im Stamm des Baumes sogar
das Gesicht dieses Baumwesens erkennen,
mit Nase und Augen. Je öfter du mit
Bäumen sprichst, desto mehr wirst du
ihre tiefe, sanfte Weisheit kennen-
und lieben lernen.

Wir lieben Gärten, besonders wenn
alles darin auf natürliche Weise und ohne
den Einsatz von Chemikalien gedeihen darf.
Wenn du dir Hilfe wünschst,
damit sich Blumen, Obst und Gemüse
besser entwickeln, sind wir gerne bereit,
mit dir gemeinsam zu gärtnern.
Du musst uns nur darum bitten.
Es macht uns große Freude, dir in deinem
Garten zu helfen, sodass er
zu einem farbenfrohen Paradies wird
und dir eine reiche Ernte an
köstlichem Obst und Gemüse beschert.

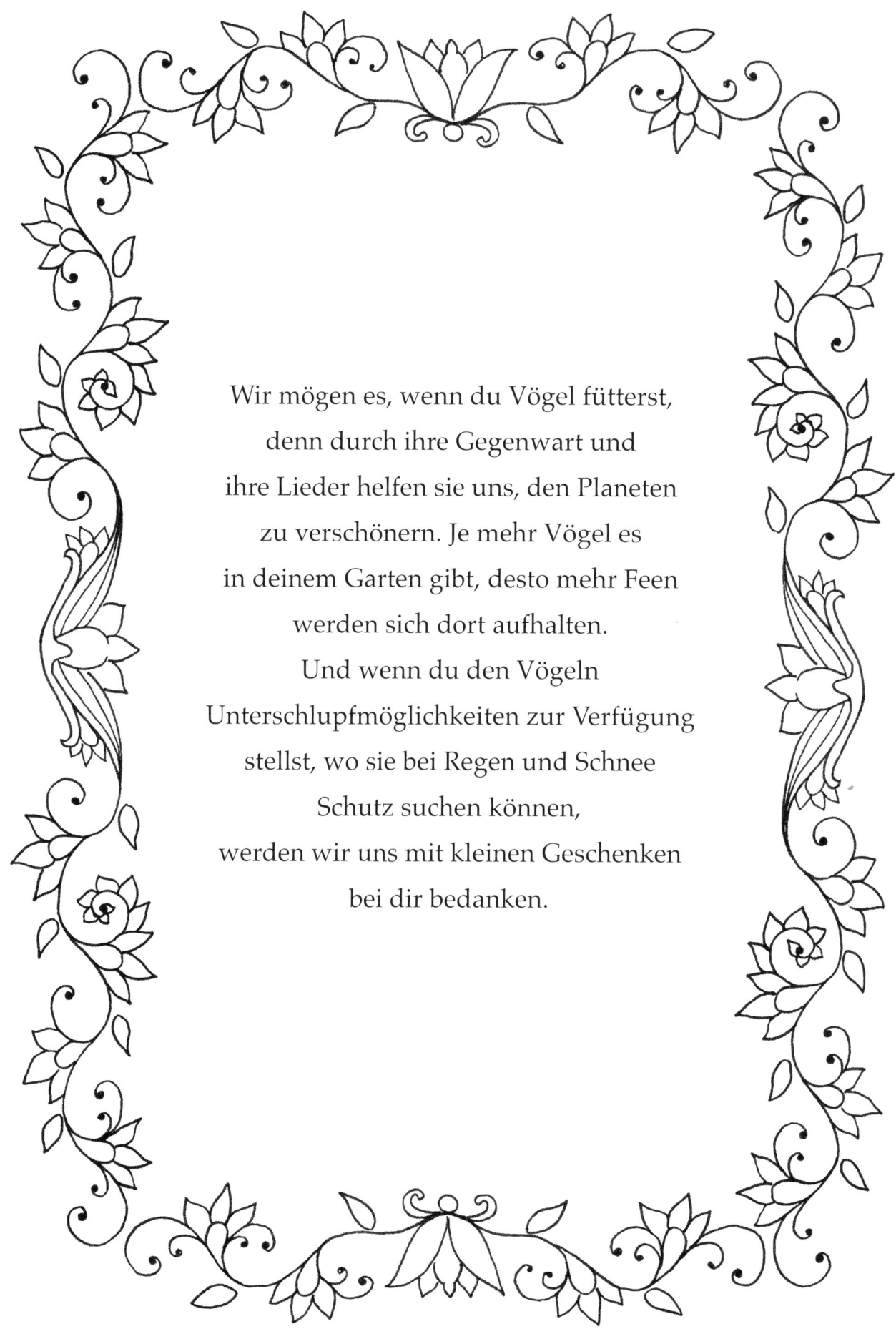

Wir mögen es, wenn du Vögel fütterst,
denn durch ihre Gegenwart und
ihre Lieder helfen sie uns, den Planeten
zu verschönern. Je mehr Vögel es
in deinem Garten gibt, desto mehr Feen
werden sich dort aufhalten.
Und wenn du den Vögeln
Unterschlupfmöglichkeiten zur Verfügung
stellst, wo sie bei Regen und Schnee
Schutz suchen können,
werden wir uns mit kleinen Geschenken
bei dir bedanken.

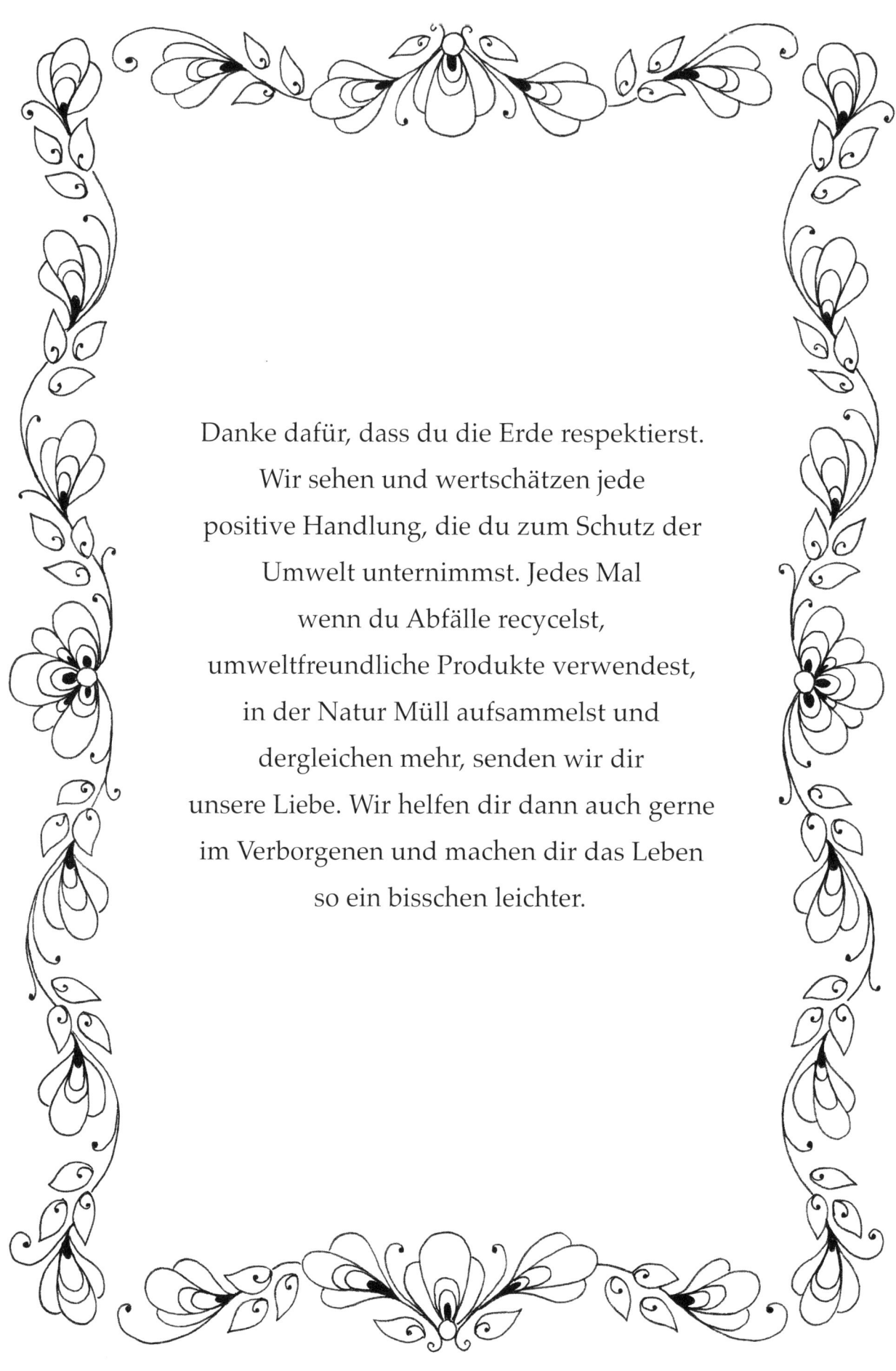

Danke dafür, dass du die Erde respektierst.
Wir sehen und wertschätzen jede
positive Handlung, die du zum Schutz der
Umwelt unternimmst. Jedes Mal
wenn du Abfälle recycelst,
umweltfreundliche Produkte verwendest,
in der Natur Müll aufsammelst und
dergleichen mehr, senden wir dir
unsere Liebe. Wir helfen dir dann auch gerne
im Verborgenen und machen dir das Leben
so ein bisschen leichter.

So wie bei euch Menschen gibt es auch
bei uns Feen verschiedene Aufgaben
und Zuständigkeiten. Unser Aussehen
variiert, je nachdem wofür wir
verantwortlich sind. Es gibt süße,
engelsgleiche Blumenfeen, große, dünne
Baumfeen, quirlige, hitzige Feuergeister,
anmutige, akrobatische Wassernymphen
und noch viele mehr. Wir nehmen
die Gestalt an, die am besten
zum jeweiligen Element und zu unserer
Aufgabe passt.

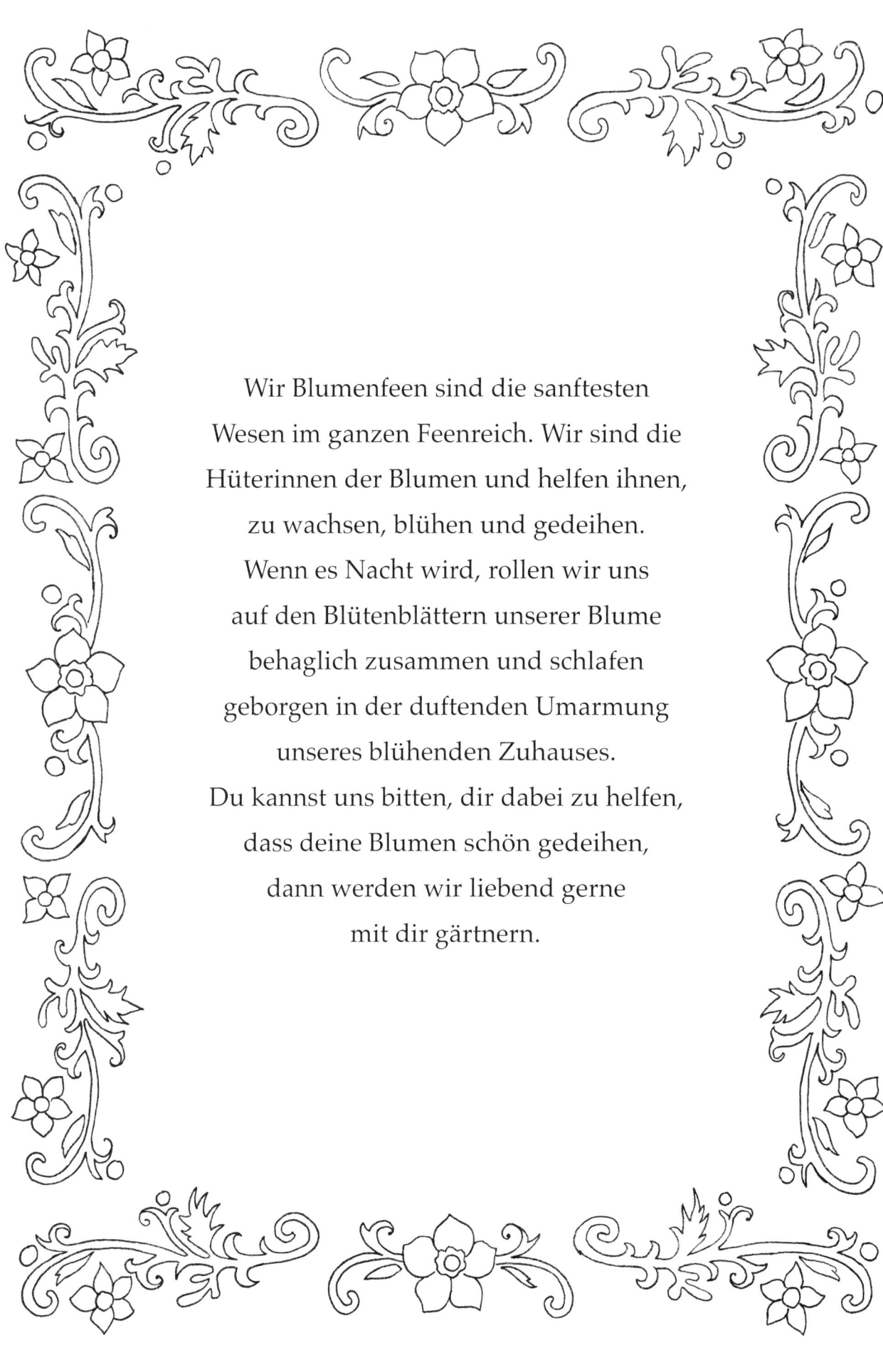

Wir Blumenfeen sind die sanftesten
Wesen im ganzen Feenreich. Wir sind die
Hüterinnen der Blumen und helfen ihnen,
zu wachsen, blühen und gedeihen.
Wenn es Nacht wird, rollen wir uns
auf den Blütenblättern unserer Blume
behaglich zusammen und schlafen
geborgen in der duftenden Umarmung
unseres blühenden Zuhauses.
Du kannst uns bitten, dir dabei zu helfen,
dass deine Blumen schön gedeihen,
dann werden wir liebend gerne
mit dir gärtnern.

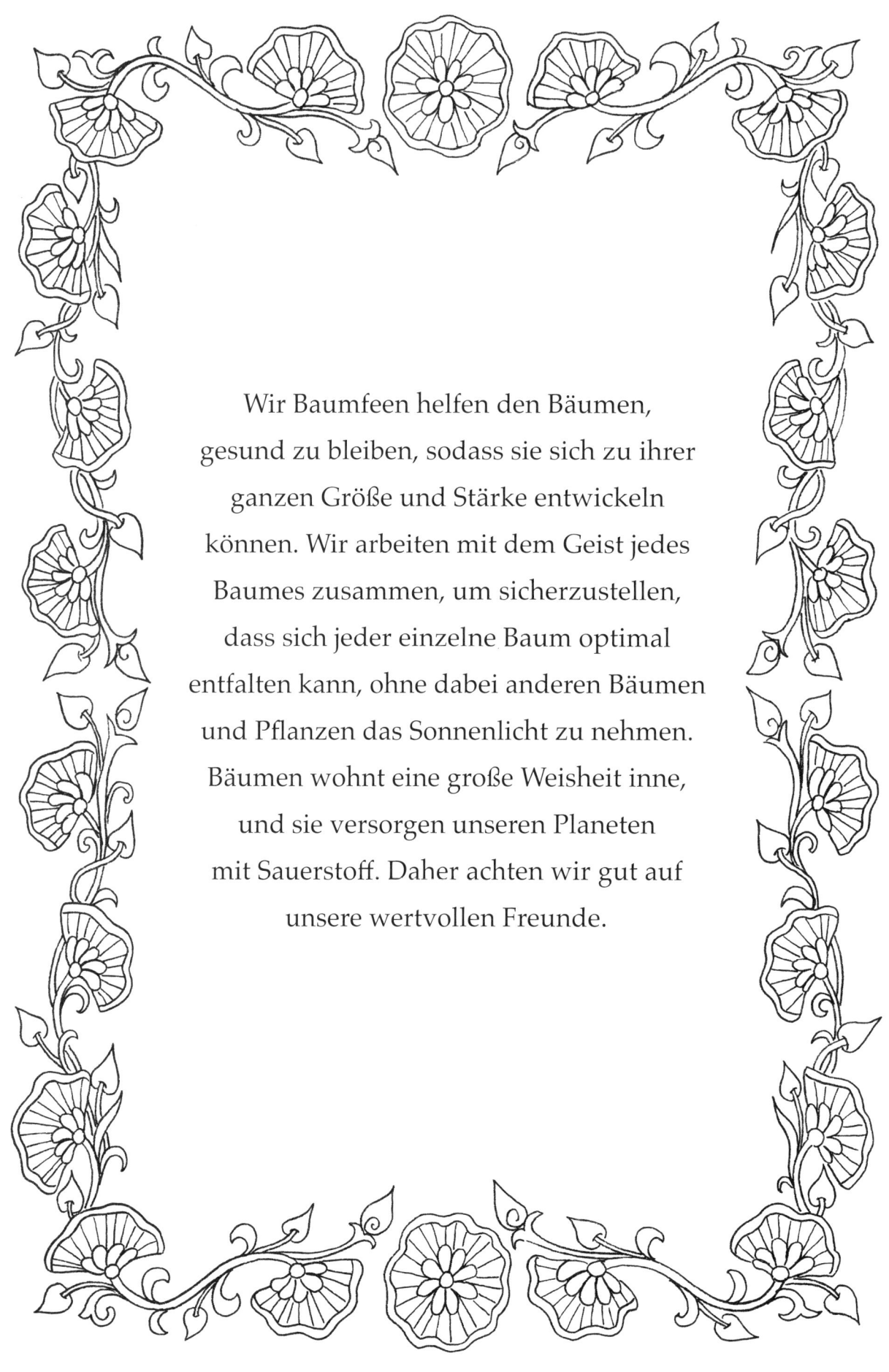

Wir Baumfeen helfen den Bäumen,
gesund zu bleiben, sodass sie sich zu ihrer
ganzen Größe und Stärke entwickeln
können. Wir arbeiten mit dem Geist jedes
Baumes zusammen, um sicherzustellen,
dass sich jeder einzelne Baum optimal
entfalten kann, ohne dabei anderen Bäumen
und Pflanzen das Sonnenlicht zu nehmen.
Bäumen wohnt eine große Weisheit inne,
und sie versorgen unseren Planeten
mit Sauerstoff. Daher achten wir gut auf
unsere wertvollen Freunde.

Wir sind die Feen des Feuers.
Du siehst uns in den Funken eines
Lagerfeuers fliegen. Wir Feuergeister helfen,
Feuer so zu kontrollieren, dass es
Bäume und Tiere nicht gefährdet.
Wir können Wärme in dein Leben bringen,
es mit mehr Leidenschaft und Energie
erfüllen. Du kannst mit uns Verbindung
aufnehmen, indem du mit warmen
Farben malst wie Rot, Orange und Gelb.

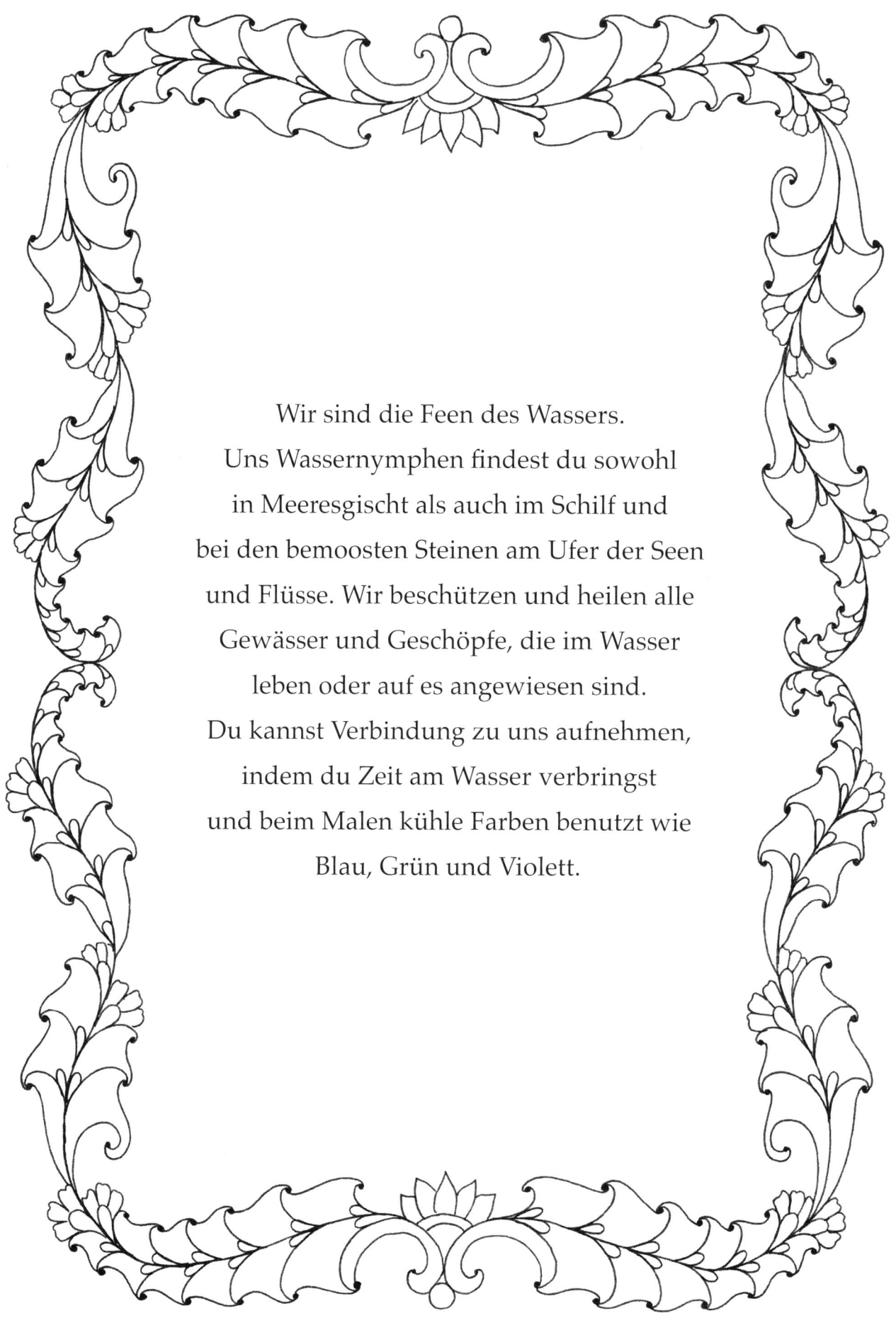

Wir sind die Feen des Wassers.
Uns Wassernymphen findest du sowohl
in Meeresgischt als auch im Schilf und
bei den bemoosten Steinen am Ufer der Seen
und Flüsse. Wir beschützen und heilen alle
Gewässer und Geschöpfe, die im Wasser
leben oder auf es angewiesen sind.
Du kannst Verbindung zu uns aufnehmen,
indem du Zeit am Wasser verbringst
und beim Malen kühle Farben benutzt wie
Blau, Grün und Violett.

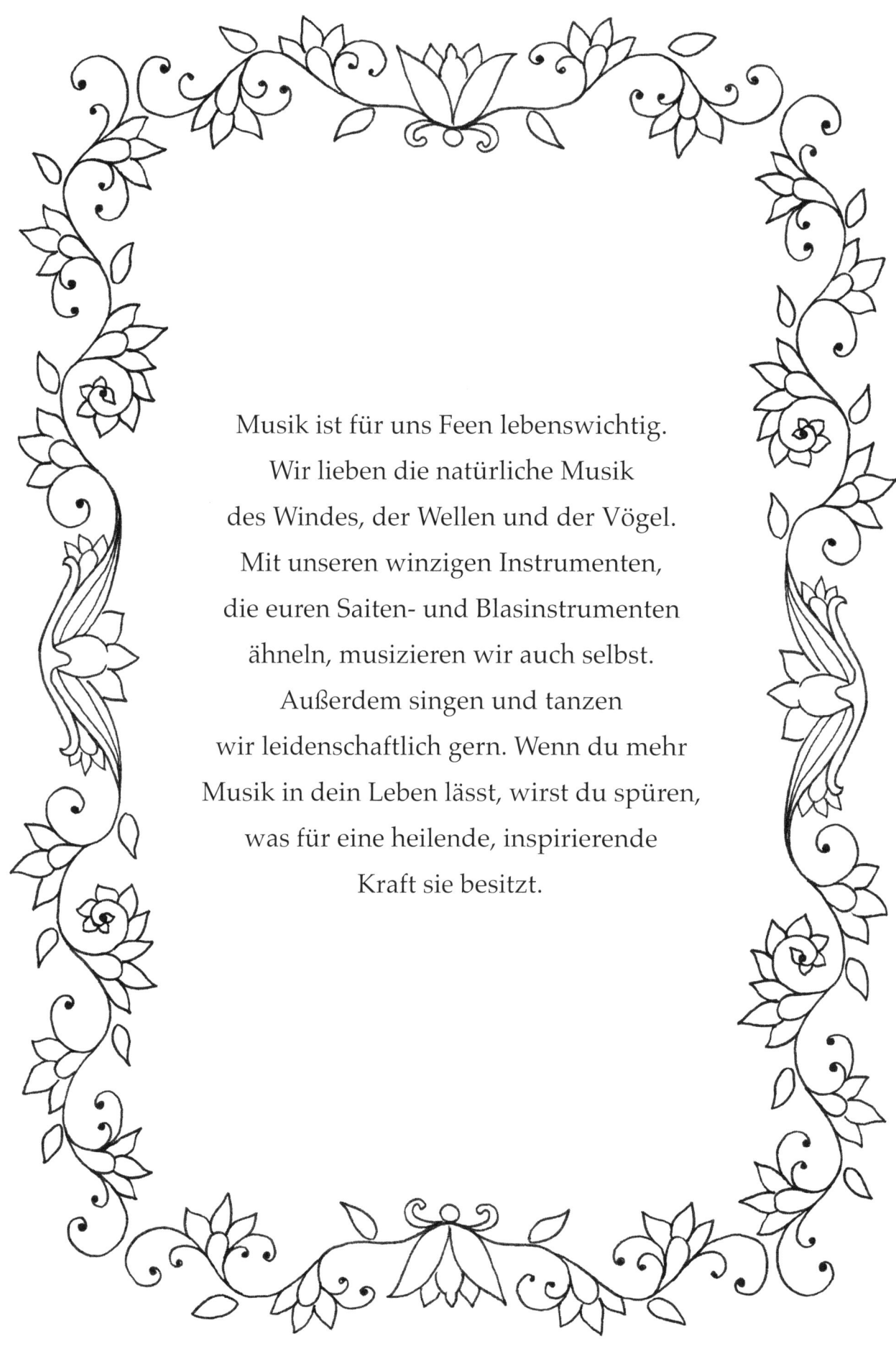

Musik ist für uns Feen lebenswichtig.
Wir lieben die natürliche Musik
des Windes, der Wellen und der Vögel.
Mit unseren winzigen Instrumenten,
die euren Saiten- und Blasinstrumenten
ähneln, musizieren wir auch selbst.
Außerdem singen und tanzen
wir leidenschaftlich gern. Wenn du mehr
Musik in dein Leben lässt, wirst du spüren,
was für eine heilende, inspirierende
Kraft sie besitzt.

Die Natur verfügt über eine reiche
Palette wunderschöner Farben:
bunte Blumen, feuriges Herbstlaub,
purpurne Sonnenuntergänge, schillernde
Vögel und vieles mehr. Bringe ruhig
mehr Farbe in dein Leben, um dich in bunter
Vielfalt auszudrücken. Schließlich hat
es einen Grund, dass Gott eine so
farbenfrohe Welt erschuf. Traue dich,
bunte Kleidung oder Accessoires zu tragen,
statte dein Zuhause mit farbigen Details aus,
so vertreibst du Langeweile und
machst dein Leben ungewöhnlich und
aufregend – auf natürliche Weise!

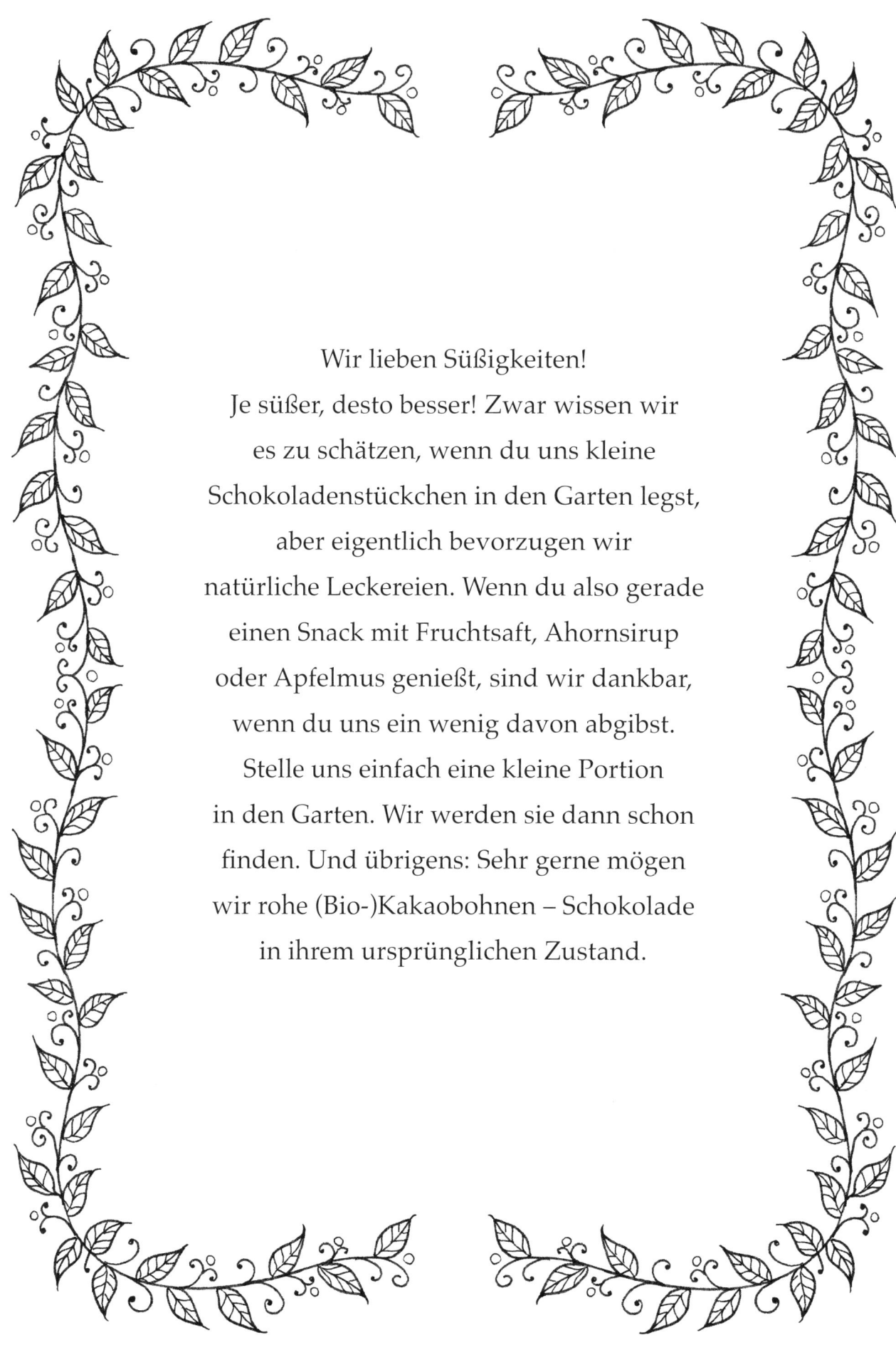

Wir lieben Süßigkeiten!
Je süßer, desto besser! Zwar wissen wir
es zu schätzen, wenn du uns kleine
Schokoladenstückchen in den Garten legst,
aber eigentlich bevorzugen wir
natürliche Leckereien. Wenn du also gerade
einen Snack mit Fruchtsaft, Ahornsirup
oder Apfelmus genießt, sind wir dankbar,
wenn du uns ein wenig davon abgibst.
Stelle uns einfach eine kleine Portion
in den Garten. Wir werden sie dann schon
finden. Und übrigens: Sehr gerne mögen
wir rohe (Bio-)Kakaobohnen – Schokolade
in ihrem ursprünglichen Zustand.

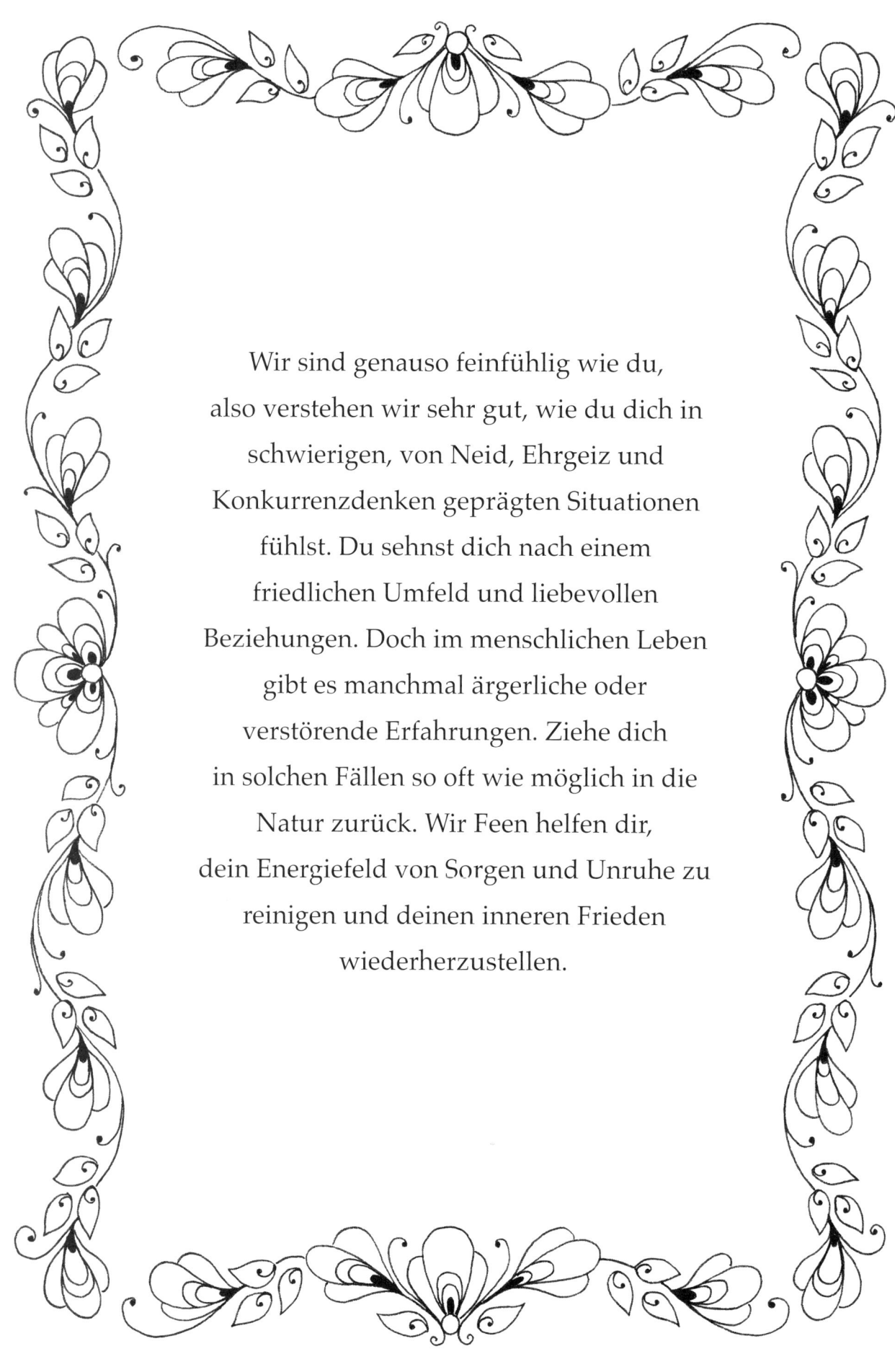

Wir sind genauso feinfühlig wie du,
also verstehen wir sehr gut, wie du dich in
schwierigen, von Neid, Ehrgeiz und
Konkurrenzdenken geprägten Situationen
fühlst. Du sehnst dich nach einem
friedlichen Umfeld und liebevollen
Beziehungen. Doch im menschlichen Leben
gibt es manchmal ärgerliche oder
verstörende Erfahrungen. Ziehe dich
in solchen Fällen so oft wie möglich in die
Natur zurück. Wir Feen helfen dir,
dein Energiefeld von Sorgen und Unruhe zu
reinigen und deinen inneren Frieden
wiederherzustellen.

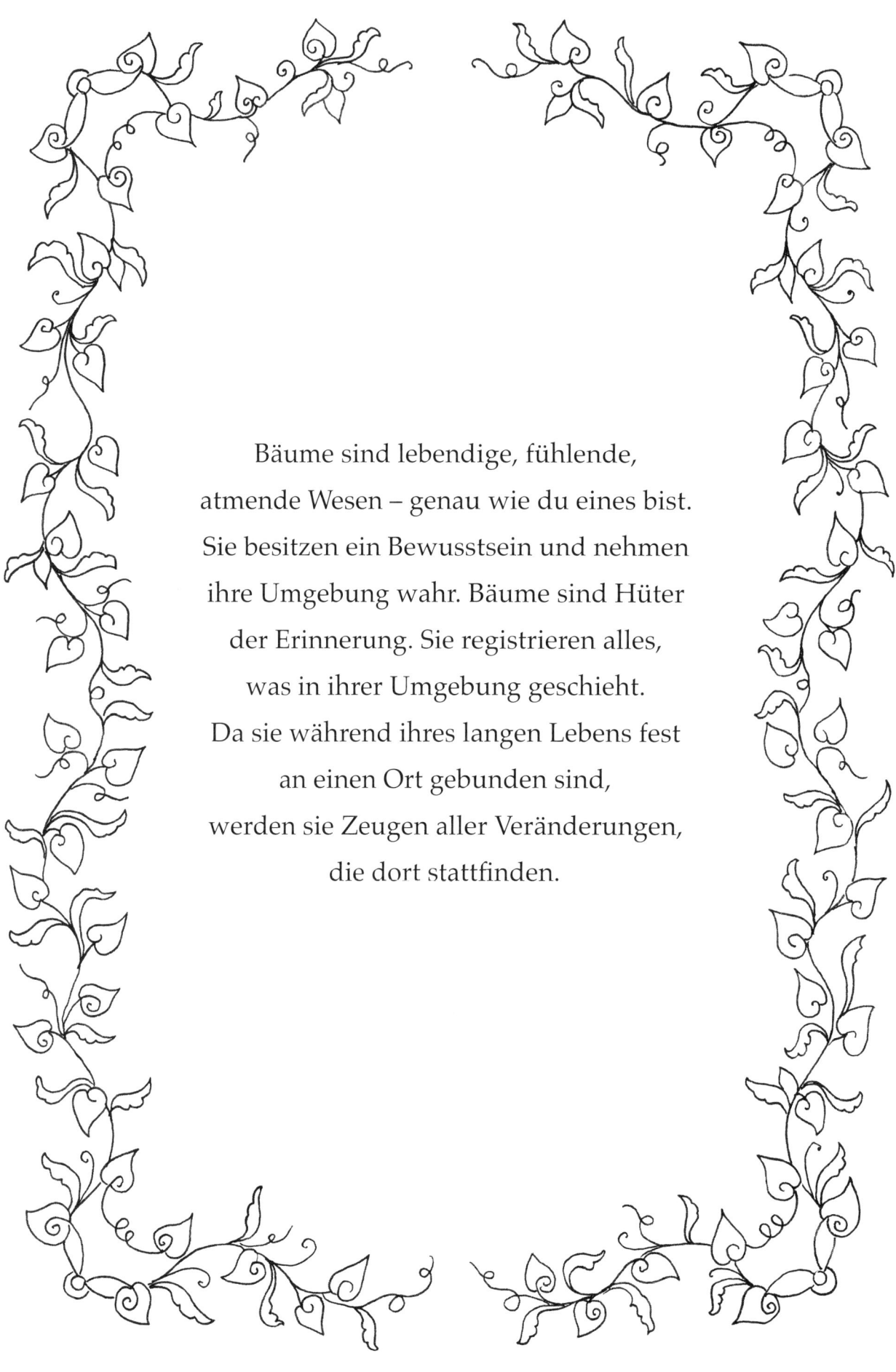

Bäume sind lebendige, fühlende,
atmende Wesen – genau wie du eines bist.
Sie besitzen ein Bewusstsein und nehmen
ihre Umgebung wahr. Bäume sind Hüter
der Erinnerung. Sie registrieren alles,
was in ihrer Umgebung geschieht.
Da sie während ihres langen Lebens fest
an einen Ort gebunden sind,
werden sie Zeugen aller Veränderungen,
die dort stattfinden.

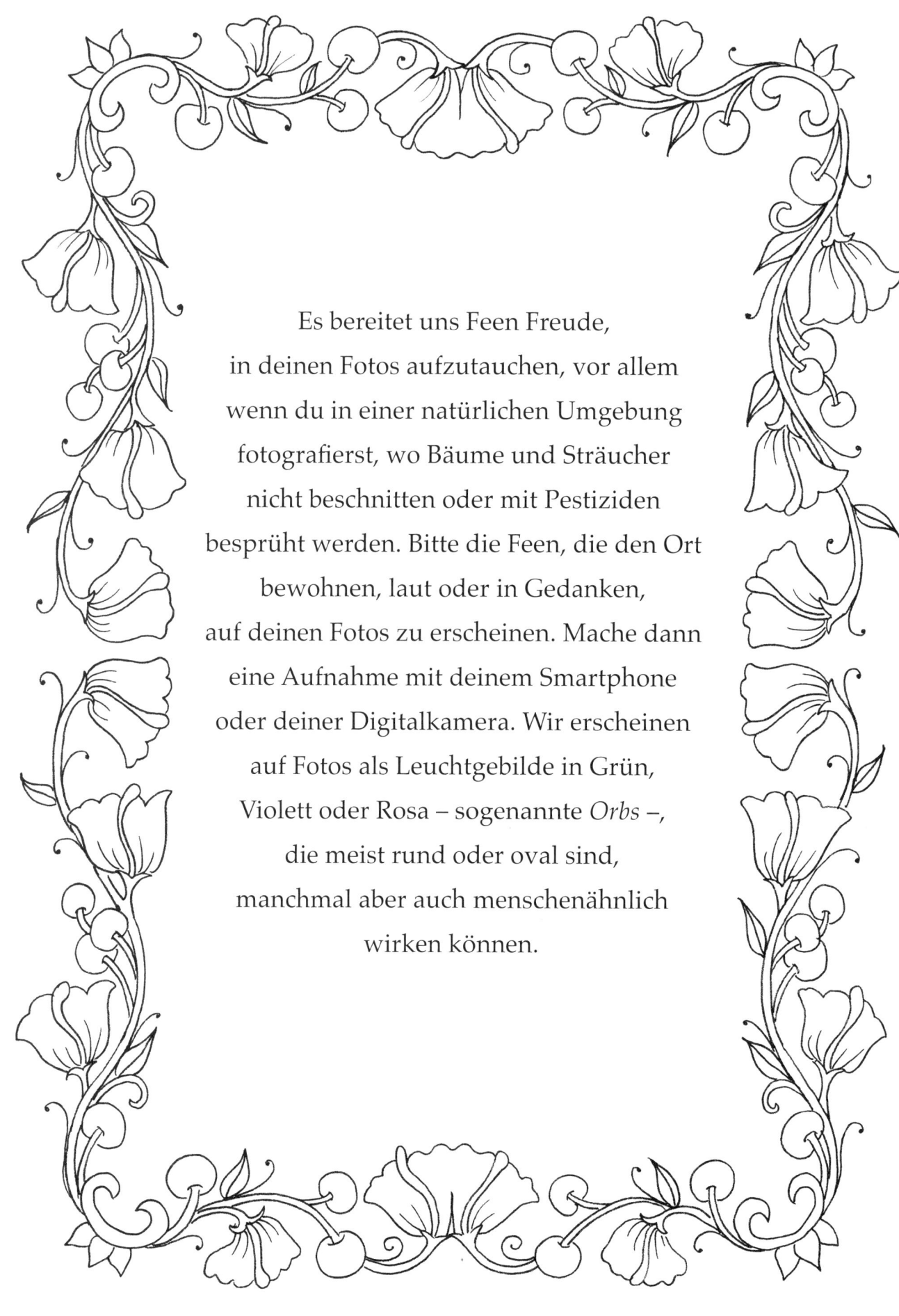

Es bereitet uns Feen Freude,
in deinen Fotos aufzutauchen, vor allem
wenn du in einer natürlichen Umgebung
fotografierst, wo Bäume und Sträucher
nicht beschnitten oder mit Pestiziden
besprüht werden. Bitte die Feen, die den Ort
bewohnen, laut oder in Gedanken,
auf deinen Fotos zu erscheinen. Mache dann
eine Aufnahme mit deinem Smartphone
oder deiner Digitalkamera. Wir erscheinen
auf Fotos als Leuchtgebilde in Grün,
Violett oder Rosa – sogenannte *Orbs* –,
die meist rund oder oval sind,
manchmal aber auch menschenähnlich
wirken können.

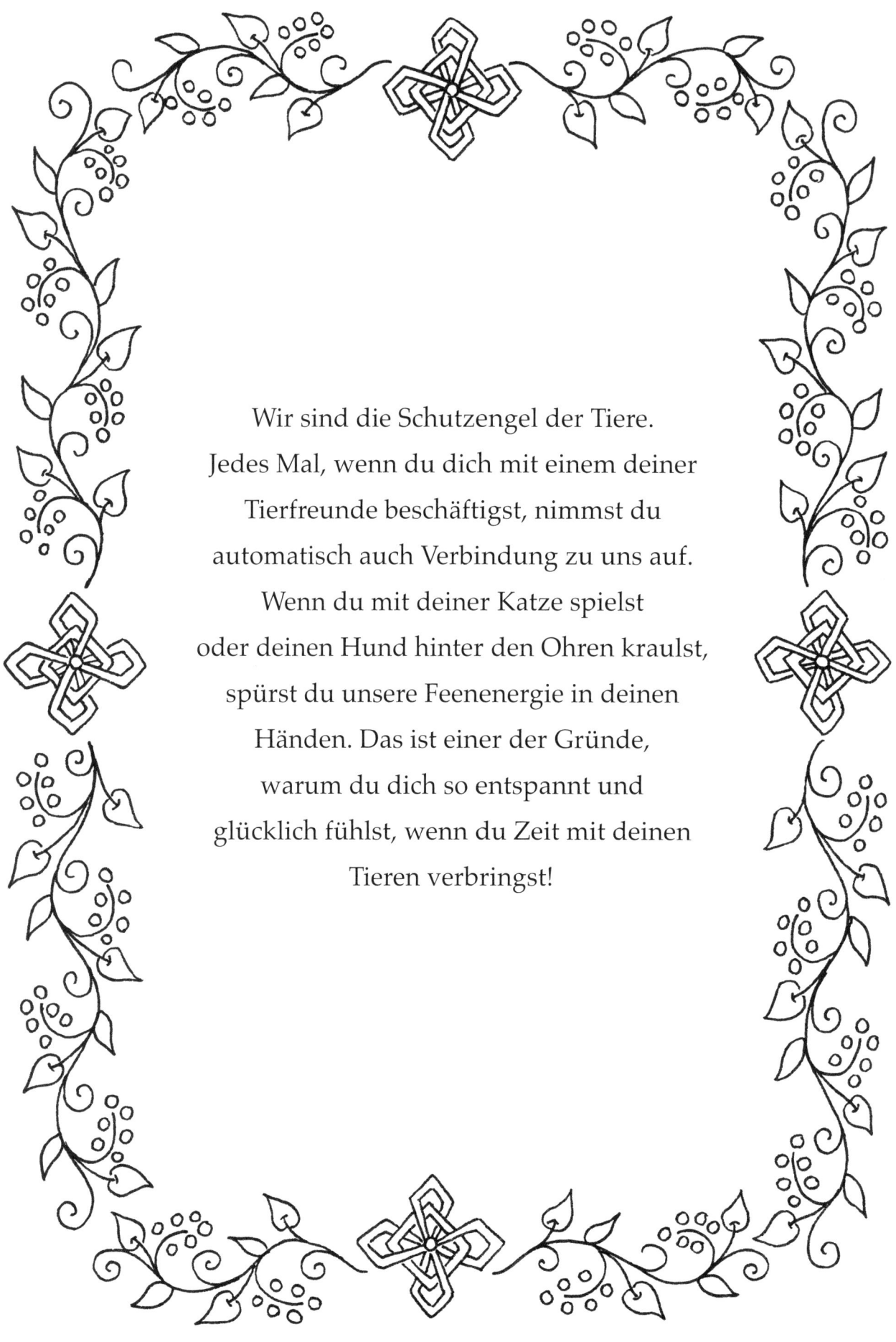

Wir sind die Schutzengel der Tiere.
Jedes Mal, wenn du dich mit einem deiner
Tierfreunde beschäftigst, nimmst du
automatisch auch Verbindung zu uns auf.
Wenn du mit deiner Katze spielst
oder deinen Hund hinter den Ohren kraulst,
spürst du unsere Feenenergie in deinen
Händen. Das ist einer der Gründe,
warum du dich so entspannt und
glücklich fühlst, wenn du Zeit mit deinen
Tieren verbringst!

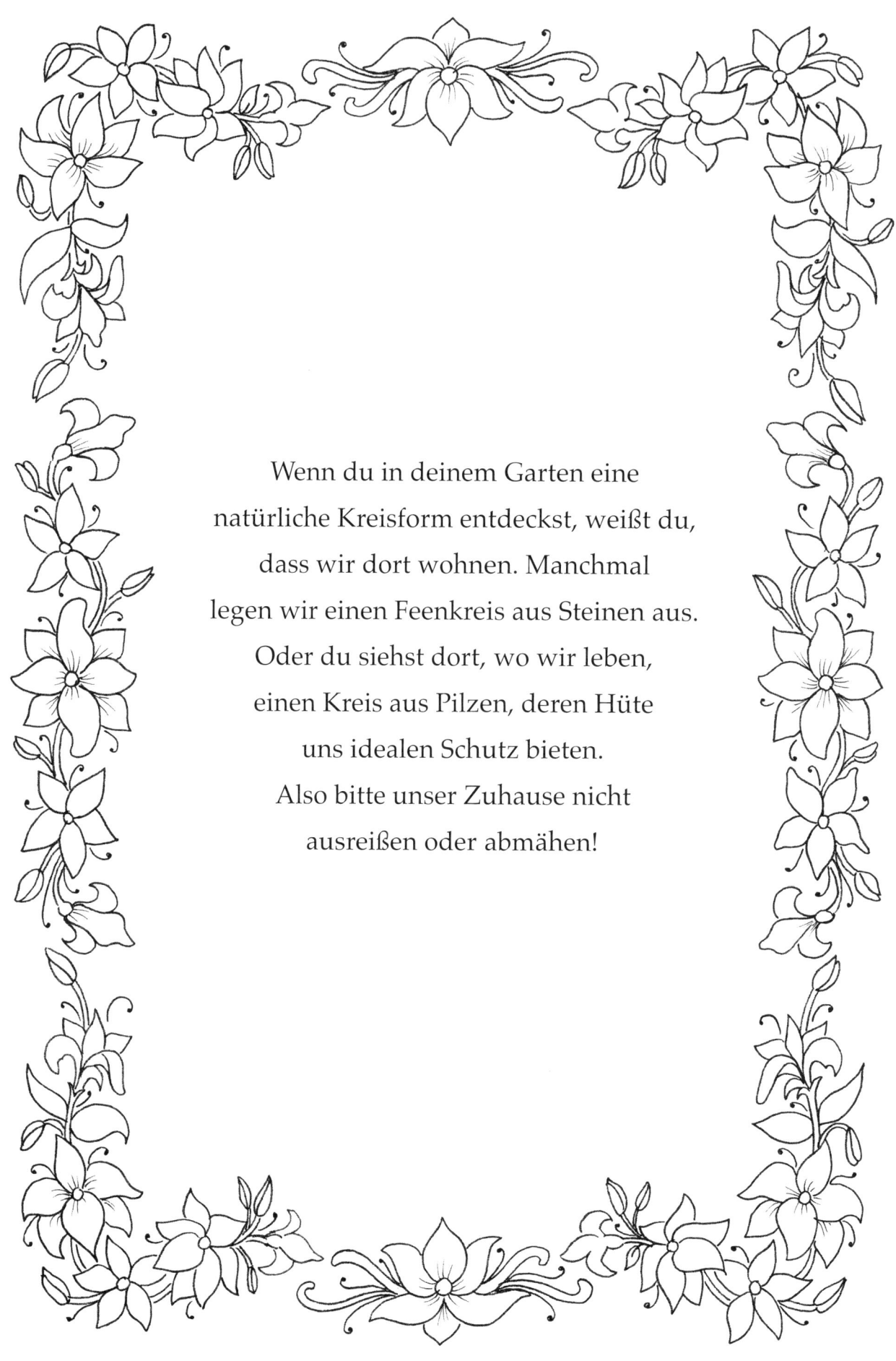

Wenn du in deinem Garten eine
natürliche Kreisform entdeckst, weißt du,
dass wir dort wohnen. Manchmal
legen wir einen Feenkreis aus Steinen aus.
Oder du siehst dort, wo wir leben,
einen Kreis aus Pilzen, deren Hüte
uns idealen Schutz bieten.
Also bitte unser Zuhause nicht
ausreißen oder abmähen!

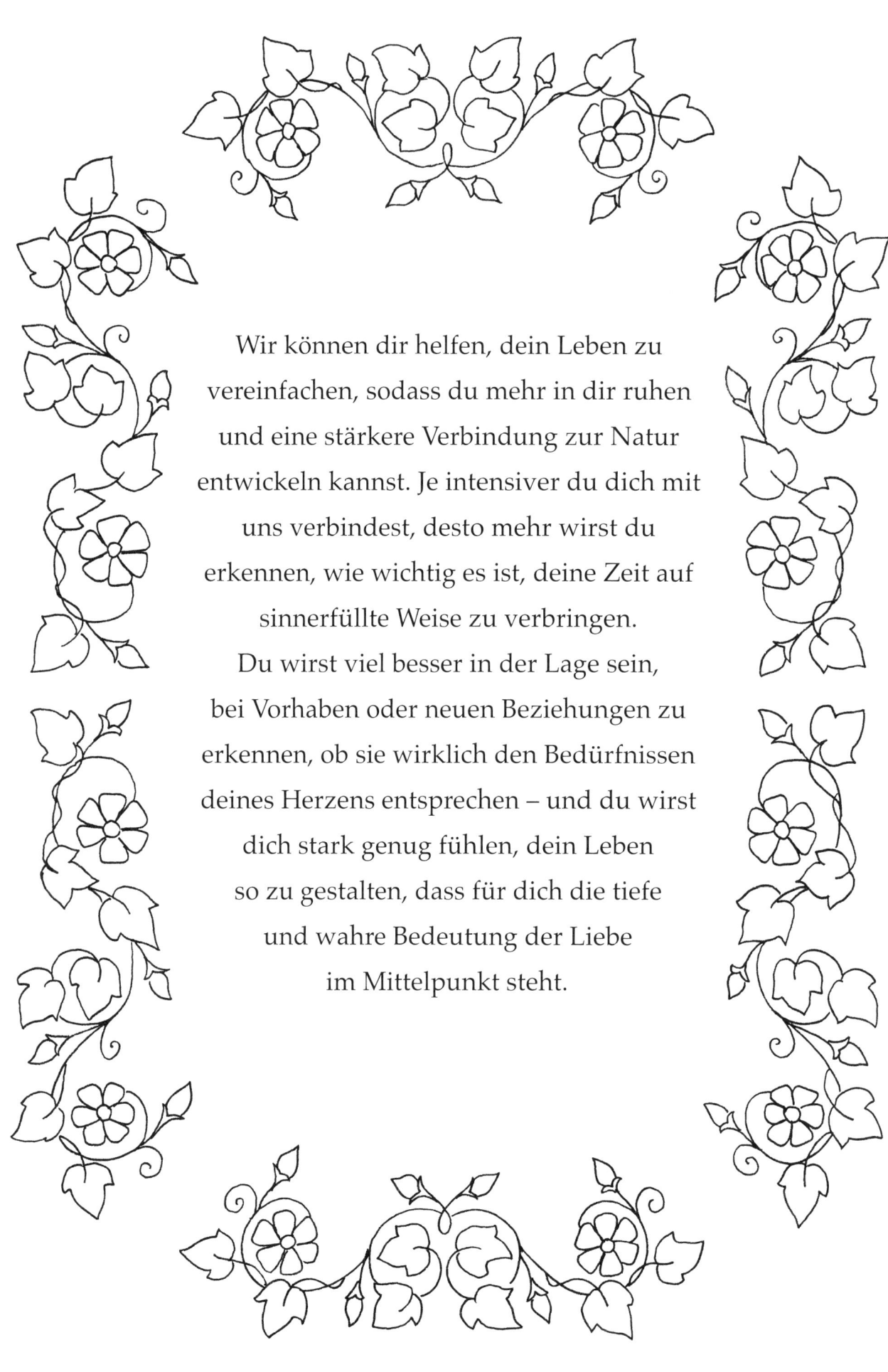

Wir können dir helfen, dein Leben zu
vereinfachen, sodass du mehr in dir ruhen
und eine stärkere Verbindung zur Natur
entwickeln kannst. Je intensiver du dich mit
uns verbindest, desto mehr wirst du
erkennen, wie wichtig es ist, deine Zeit auf
sinnerfüllte Weise zu verbringen.
Du wirst viel besser in der Lage sein,
bei Vorhaben oder neuen Beziehungen zu
erkennen, ob sie wirklich den Bedürfnissen
deines Herzens entsprechen – und du wirst
dich stark genug fühlen, dein Leben
so zu gestalten, dass für dich die tiefe
und wahre Bedeutung der Liebe
im Mittelpunkt steht.

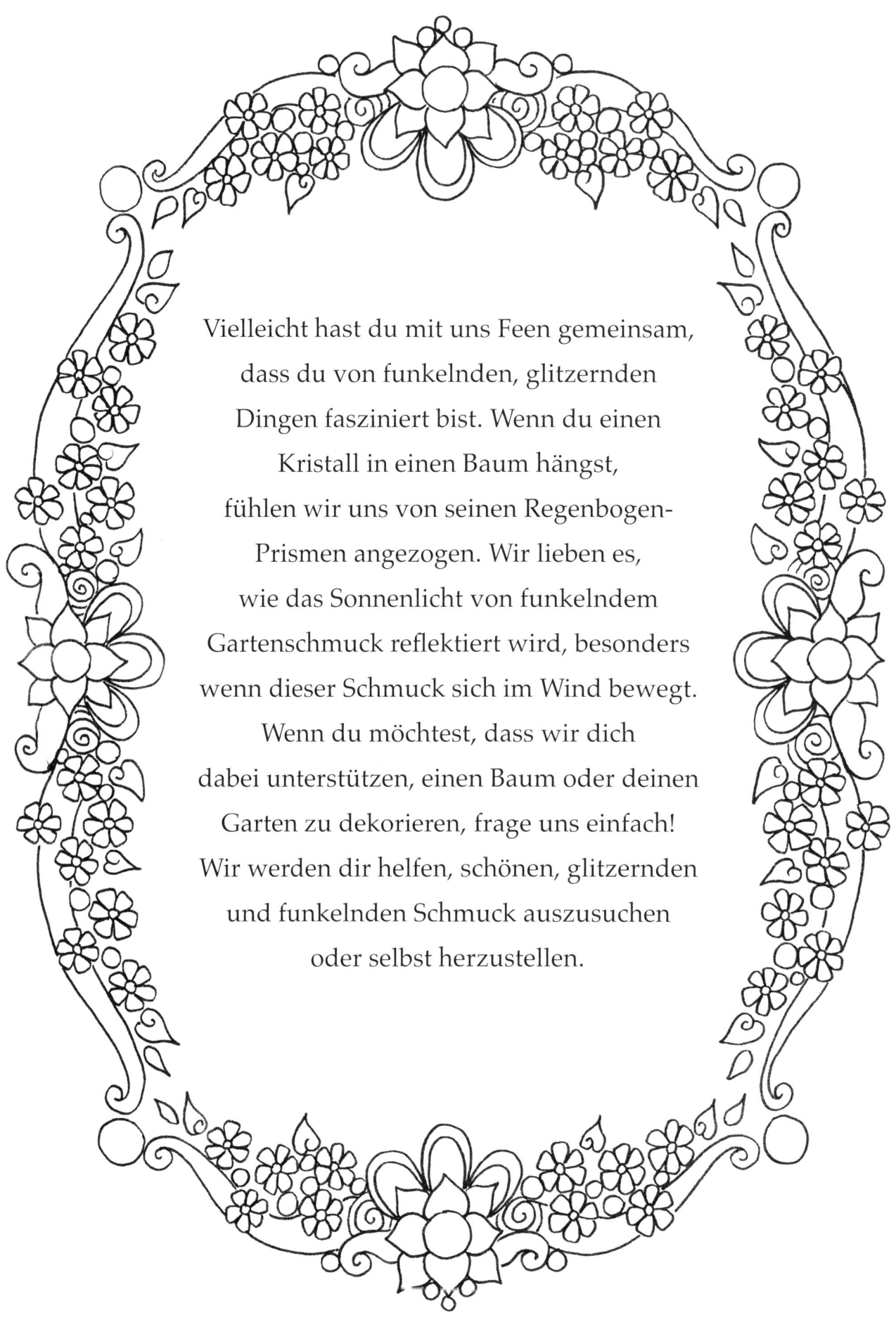

Vielleicht hast du mit uns Feen gemeinsam,
dass du von funkelnden, glitzernden
Dingen fasziniert bist. Wenn du einen
Kristall in einen Baum hängst,
fühlen wir uns von seinen Regenbogen-
Prismen angezogen. Wir lieben es,
wie das Sonnenlicht von funkelndem
Gartenschmuck reflektiert wird, besonders
wenn dieser Schmuck sich im Wind bewegt.
Wenn du möchtest, dass wir dich
dabei unterstützen, einen Baum oder deinen
Garten zu dekorieren, frage uns einfach!
Wir werden dir helfen, schönen, glitzernden
und funkelnden Schmuck auszusuchen
oder selbst herzustellen.

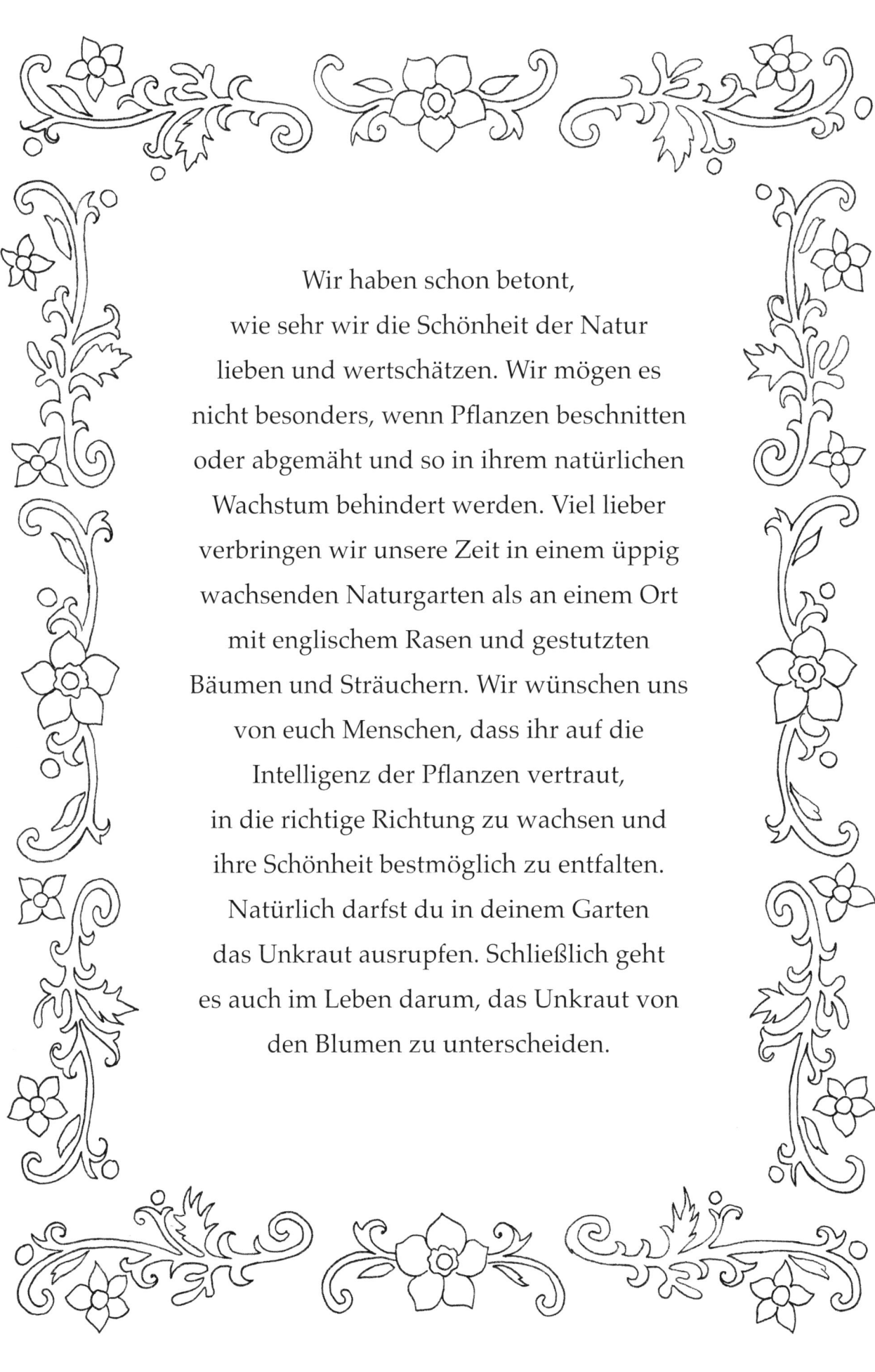

Wir haben schon betont,
wie sehr wir die Schönheit der Natur
lieben und wertschätzen. Wir mögen es
nicht besonders, wenn Pflanzen beschnitten
oder abgemäht und so in ihrem natürlichen
Wachstum behindert werden. Viel lieber
verbringen wir unsere Zeit in einem üppig
wachsenden Naturgarten als an einem Ort
mit englischem Rasen und gestutzten
Bäumen und Sträuchern. Wir wünschen uns
von euch Menschen, dass ihr auf die
Intelligenz der Pflanzen vertraut,
in die richtige Richtung zu wachsen und
ihre Schönheit bestmöglich zu entfalten.
Natürlich darfst du in deinem Garten
das Unkraut ausrupfen. Schließlich geht
es auch im Leben darum, das Unkraut von
den Blumen zu unterscheiden.

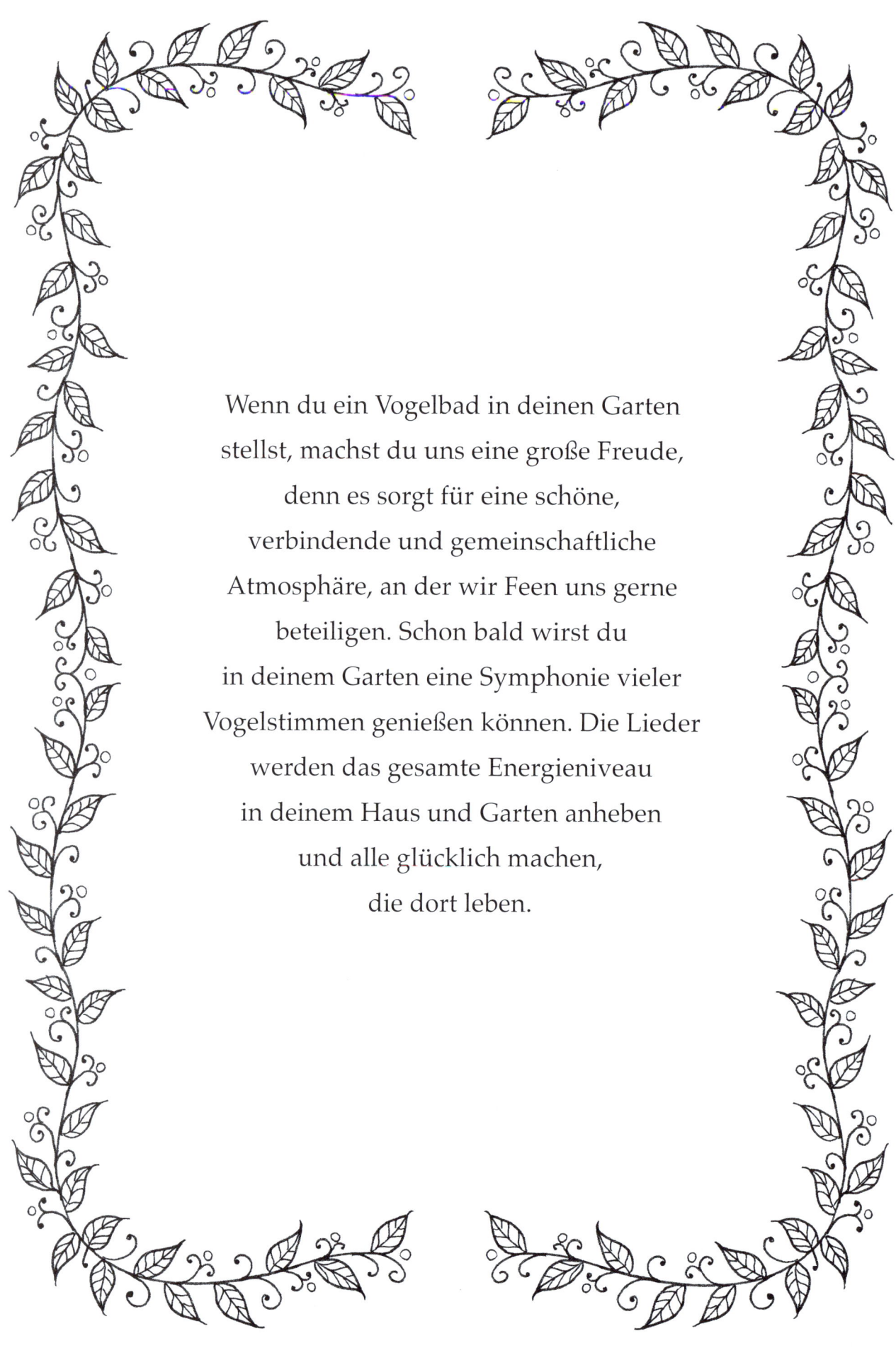

Wenn du ein Vogelbad in deinen Garten
stellst, machst du uns eine große Freude,
denn es sorgt für eine schöne,
verbindende und gemeinschaftliche
Atmosphäre, an der wir Feen uns gerne
beteiligen. Schon bald wirst du
in deinem Garten eine Symphonie vieler
Vogelstimmen genießen können. Die Lieder
werden das gesamte Energieniveau
in deinem Haus und Garten anheben
und alle glücklich machen,
die dort leben.

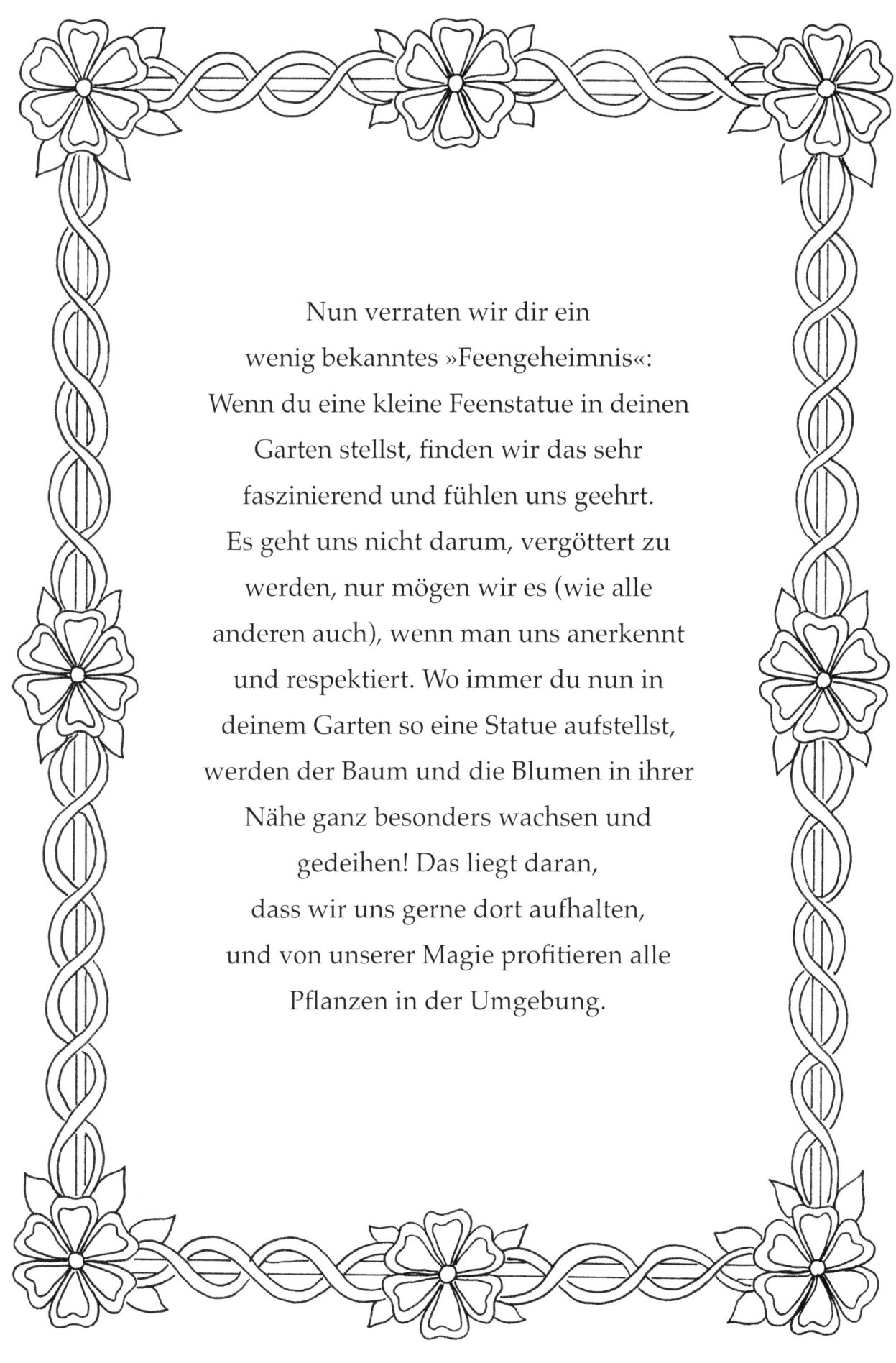

Nun verraten wir dir ein
wenig bekanntes »Feengeheimnis«:
Wenn du eine kleine Feenstatue in deinen
Garten stellst, finden wir das sehr
faszinierend und fühlen uns geehrt.
Es geht uns nicht darum, vergöttert zu
werden, nur mögen wir es (wie alle
anderen auch), wenn man uns anerkennt
und respektiert. Wo immer du nun in
deinem Garten so eine Statue aufstellst,
werden der Baum und die Blumen in ihrer
Nähe ganz besonders wachsen und
gedeihen! Das liegt daran,
dass wir uns gerne dort aufhalten,
und von unserer Magie profitieren alle
Pflanzen in der Umgebung.

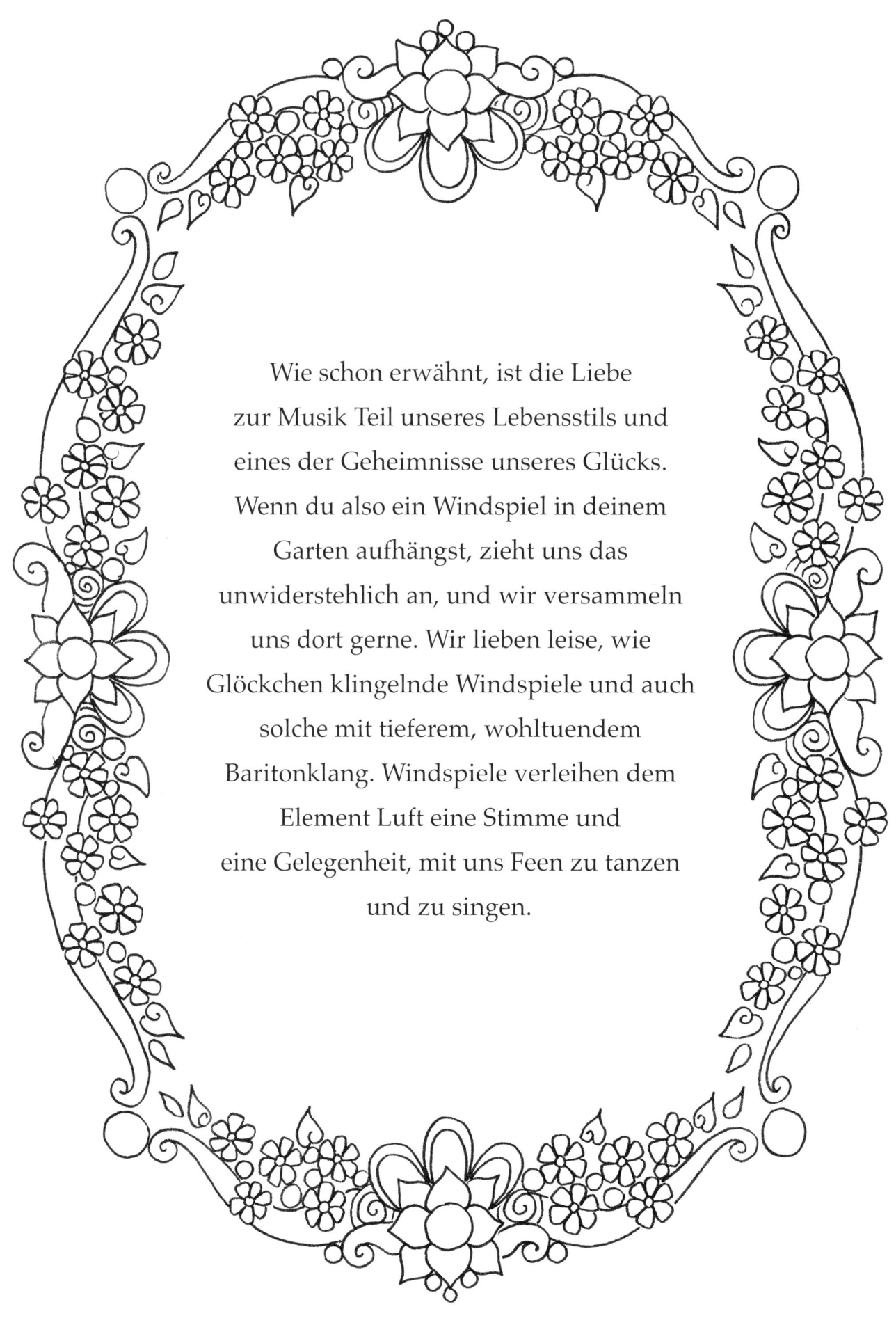

Wie schon erwähnt, ist die Liebe
zur Musik Teil unseres Lebensstils und
eines der Geheimnisse unseres Glücks.
Wenn du also ein Windspiel in deinem
Garten aufhängst, zieht uns das
unwiderstehlich an, und wir versammeln
uns dort gerne. Wir lieben leise, wie
Glöckchen klingelnde Windspiele und auch
solche mit tieferem, wohltuendem
Baritonklang. Windspiele verleihen dem
Element Luft eine Stimme und
eine Gelegenheit, mit uns Feen zu tanzen
und zu singen.

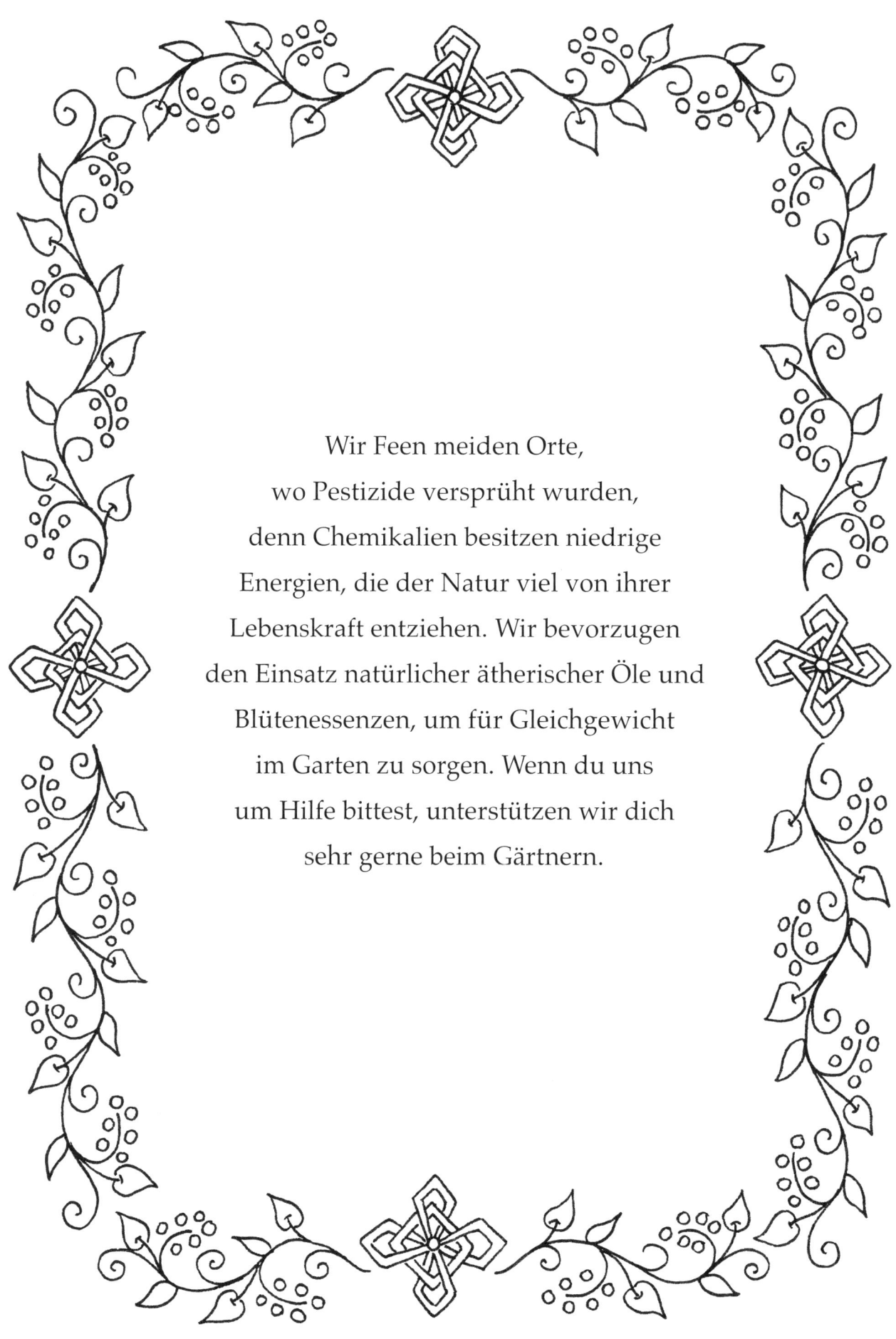

Wir Feen meiden Orte,
wo Pestizide versprüht wurden,
denn Chemikalien besitzen niedrige
Energien, die der Natur viel von ihrer
Lebenskraft entziehen. Wir bevorzugen
den Einsatz natürlicher ätherischer Öle und
Blütenessenzen, um für Gleichgewicht
im Garten zu sorgen. Wenn du uns
um Hilfe bittest, unterstützen wir dich
sehr gerne beim Gärtnern.

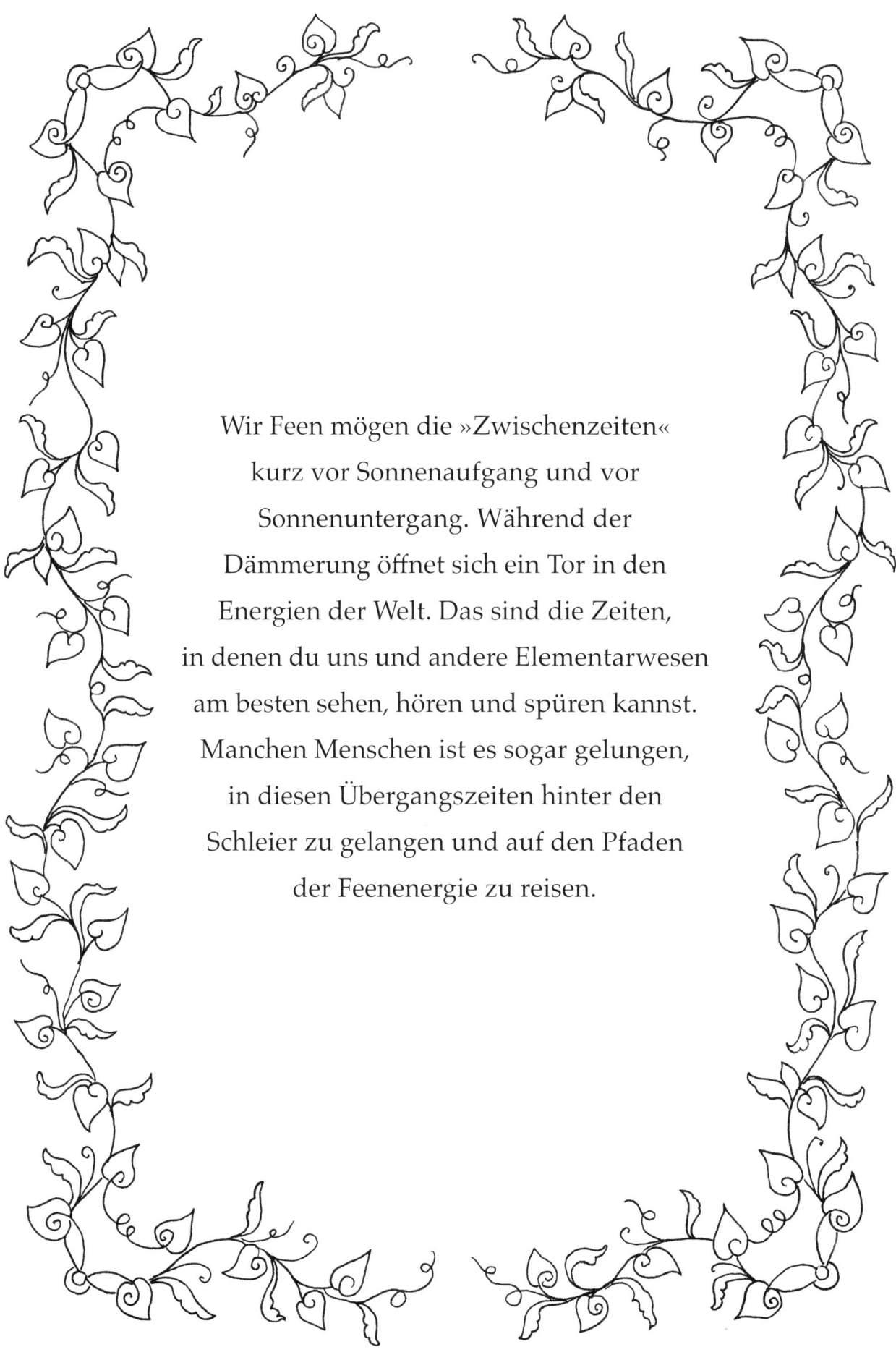

Wir Feen mögen die »Zwischenzeiten«
kurz vor Sonnenaufgang und vor
Sonnenuntergang. Während der
Dämmerung öffnet sich ein Tor in den
Energien der Welt. Das sind die Zeiten,
in denen du uns und andere Elementarwesen
am besten sehen, hören und spüren kannst.
Manchen Menschen ist es sogar gelungen,
in diesen Übergangszeiten hinter den
Schleier zu gelangen und auf den Pfaden
der Feenenergie zu reisen.

Wir möchten dich dazu ermutigen,
ein leuchtend buntes Leben zu führen und
deine Lichtfunken mit anderen zu teilen!
Habe wie wir keine Scheu, dich extravagant
und auffällig zu kleiden. Verwende
Pailletten, Strass und Schmuck, also Dinge,
in denen sich Licht fängt und spiegelt.
Wir Feen haben viel Freude daran,
unsere Individualität kreativ zum Ausdruck
zu bringen. Wir hoffen, dass du dich heute
farbenfroh kleidest, mit glitzernden,
funkelnden Accessoires experimentierst und
andere auf diese Weise inspirierst,
ihr Licht ebenfalls leuchten zu lassen.

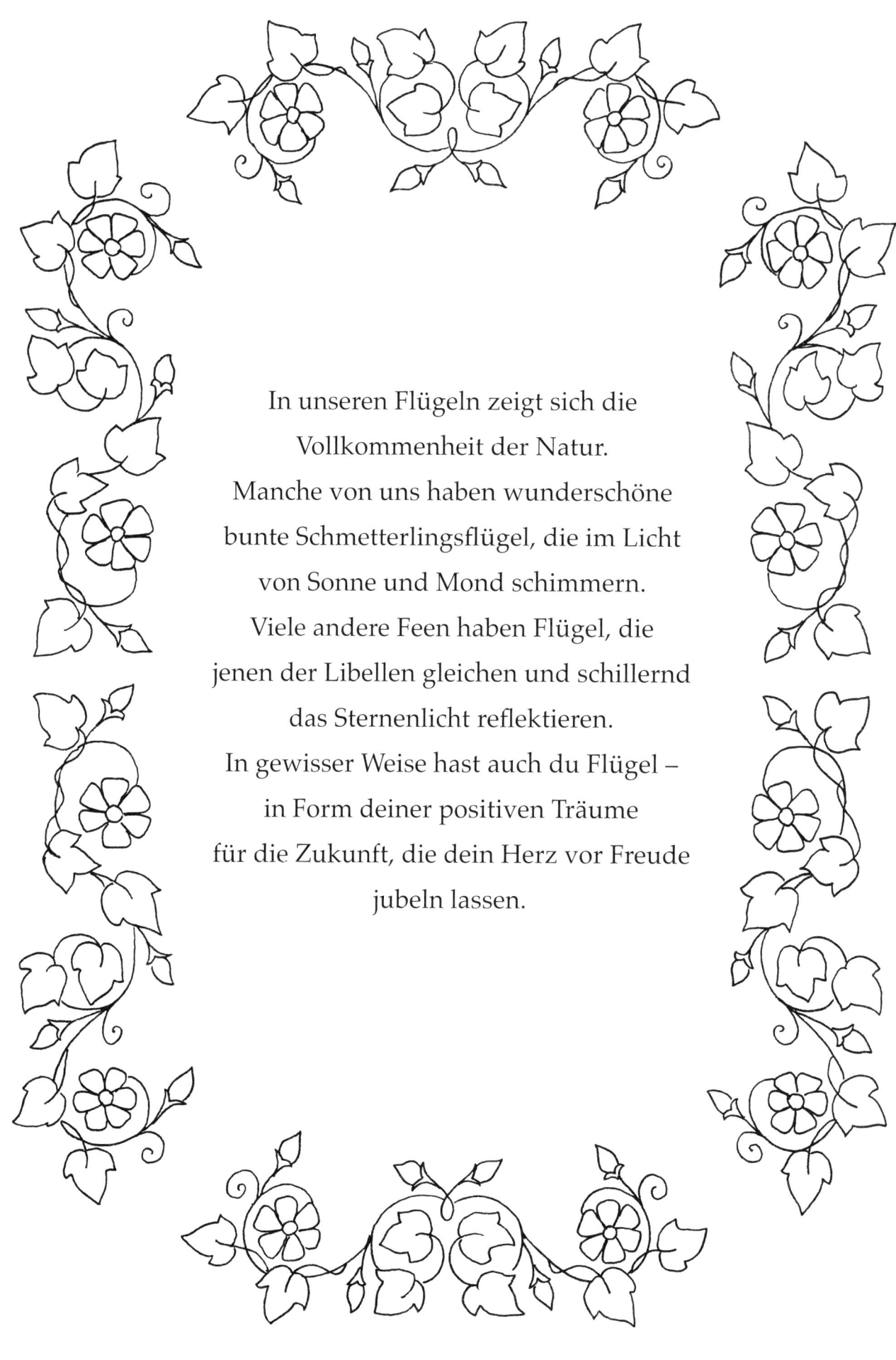

In unseren Flügeln zeigt sich die
Vollkommenheit der Natur.
Manche von uns haben wunderschöne
bunte Schmetterlingsflügel, die im Licht
von Sonne und Mond schimmern.
Viele andere Feen haben Flügel, die
jenen der Libellen gleichen und schillernd
das Sternenlicht reflektieren.
In gewisser Weise hast auch du Flügel –
in Form deiner positiven Träume
für die Zukunft, die dein Herz vor Freude
jubeln lassen.

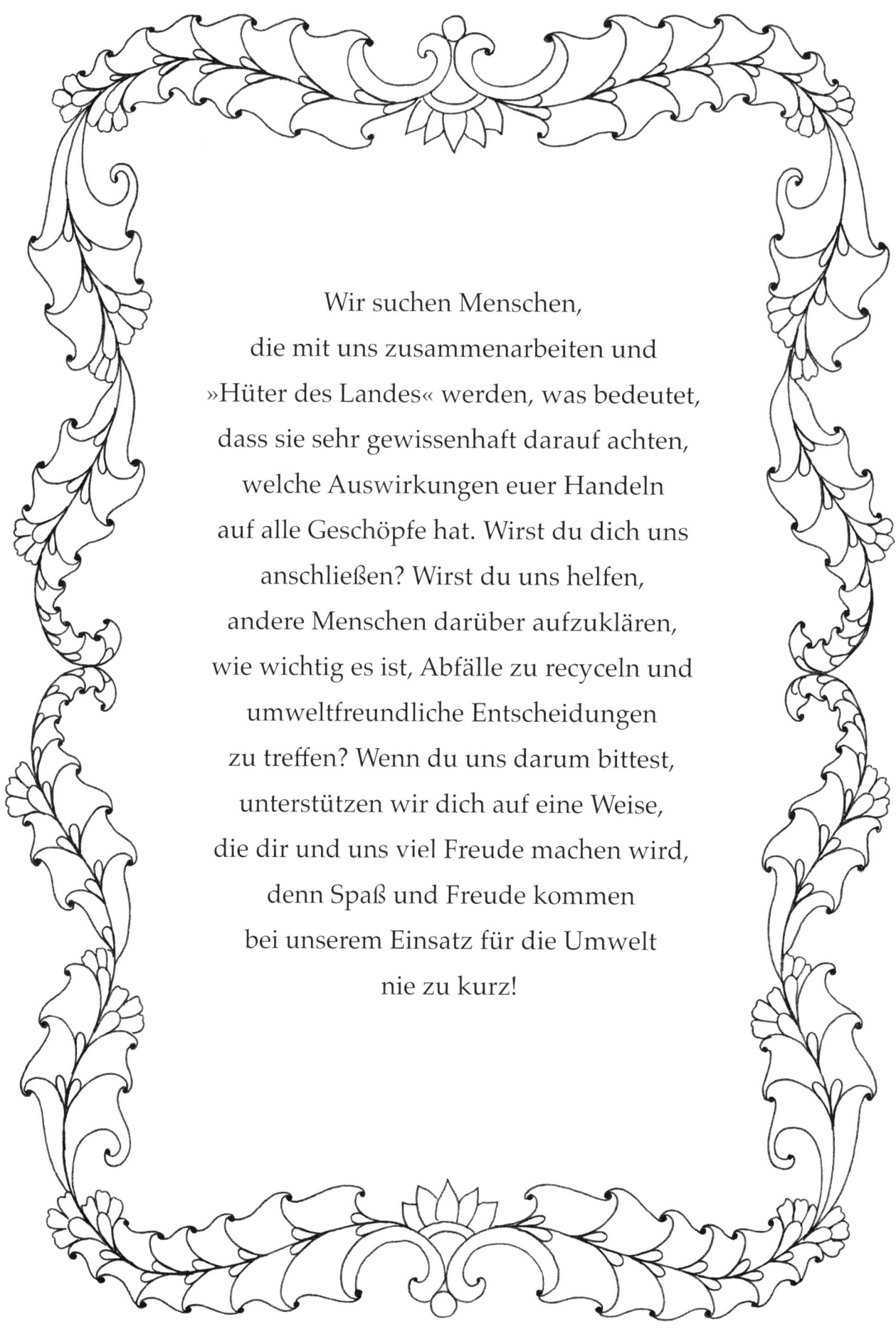

Wir suchen Menschen,
die mit uns zusammenarbeiten und
»Hüter des Landes« werden, was bedeutet,
dass sie sehr gewissenhaft darauf achten,
welche Auswirkungen euer Handeln
auf alle Geschöpfe hat. Wirst du dich uns
anschließen? Wirst du uns helfen,
andere Menschen darüber aufzuklären,
wie wichtig es ist, Abfälle zu recyceln und
umweltfreundliche Entscheidungen
zu treffen? Wenn du uns darum bittest,
unterstützen wir dich auf eine Weise,
die dir und uns viel Freude machen wird,
denn Spaß und Freude kommen
bei unserem Einsatz für die Umwelt
nie zu kurz!

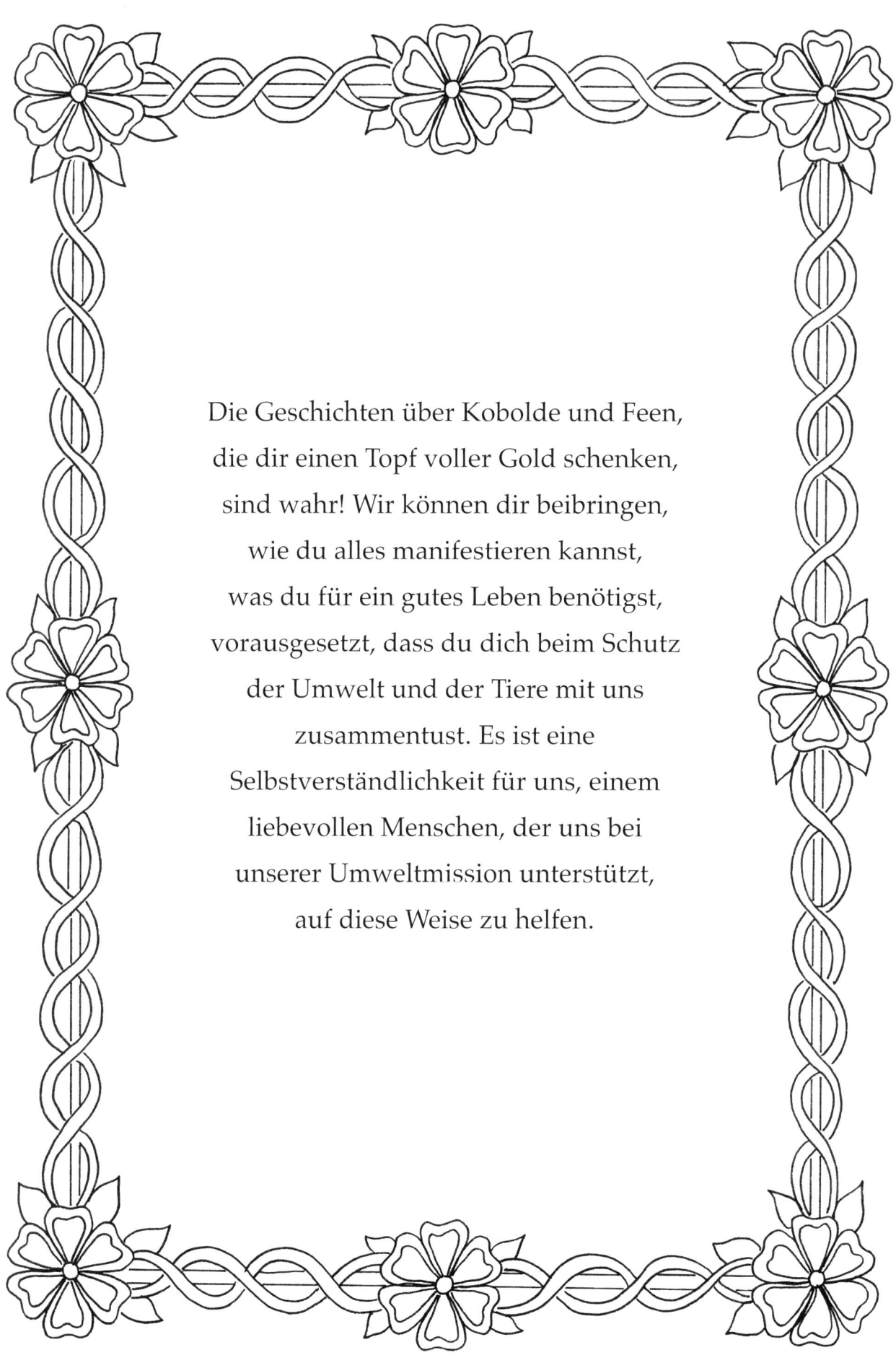

Die Geschichten über Kobolde und Feen,
die dir einen Topf voller Gold schenken,
sind wahr! Wir können dir beibringen,
wie du alles manifestieren kannst,
was du für ein gutes Leben benötigst,
vorausgesetzt, dass du dich beim Schutz
der Umwelt und der Tiere mit uns
zusammentust. Es ist eine
Selbstverständlichkeit für uns, einem
liebevollen Menschen, der uns bei
unserer Umweltmission unterstützt,
auf diese Weise zu helfen.

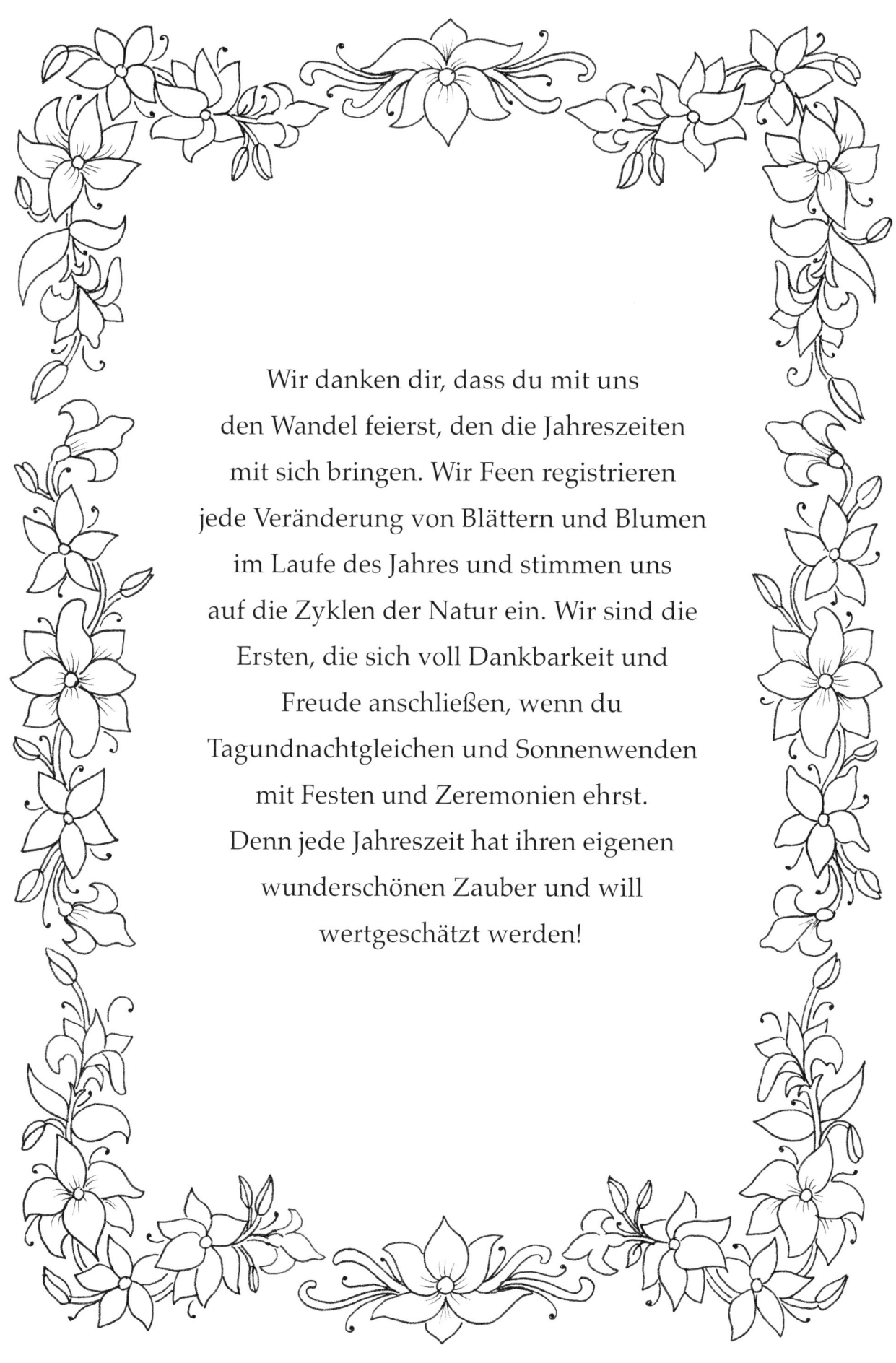

Wir danken dir, dass du mit uns
den Wandel feierst, den die Jahreszeiten
mit sich bringen. Wir Feen registrieren
jede Veränderung von Blättern und Blumen
im Laufe des Jahres und stimmen uns
auf die Zyklen der Natur ein. Wir sind die
Ersten, die sich voll Dankbarkeit und
Freude anschließen, wenn du
Tagundnachtgleichen und Sonnenwenden
mit Festen und Zeremonien ehrst.
Denn jede Jahreszeit hat ihren eigenen
wunderschönen Zauber und will
wertgeschätzt werden!

Wir lieben es,
Partys im Mondlicht zu feiern.
Zwar bevorzugen wir den Vollmond,
schätzen aber auch die geheimnisvolle,
entschleiernde Magie, die der Neumond
uns allen schenkt. Wir laden dich ein,
mit uns »Mondbäder« zu nehmen.
Dabei stellst du dich ins Mondlicht und
konzentrierst dich auf die Absicht,
dich von allem zu lösen und zu befreien,
was du als unerwünscht und
überflüssig empfindest.

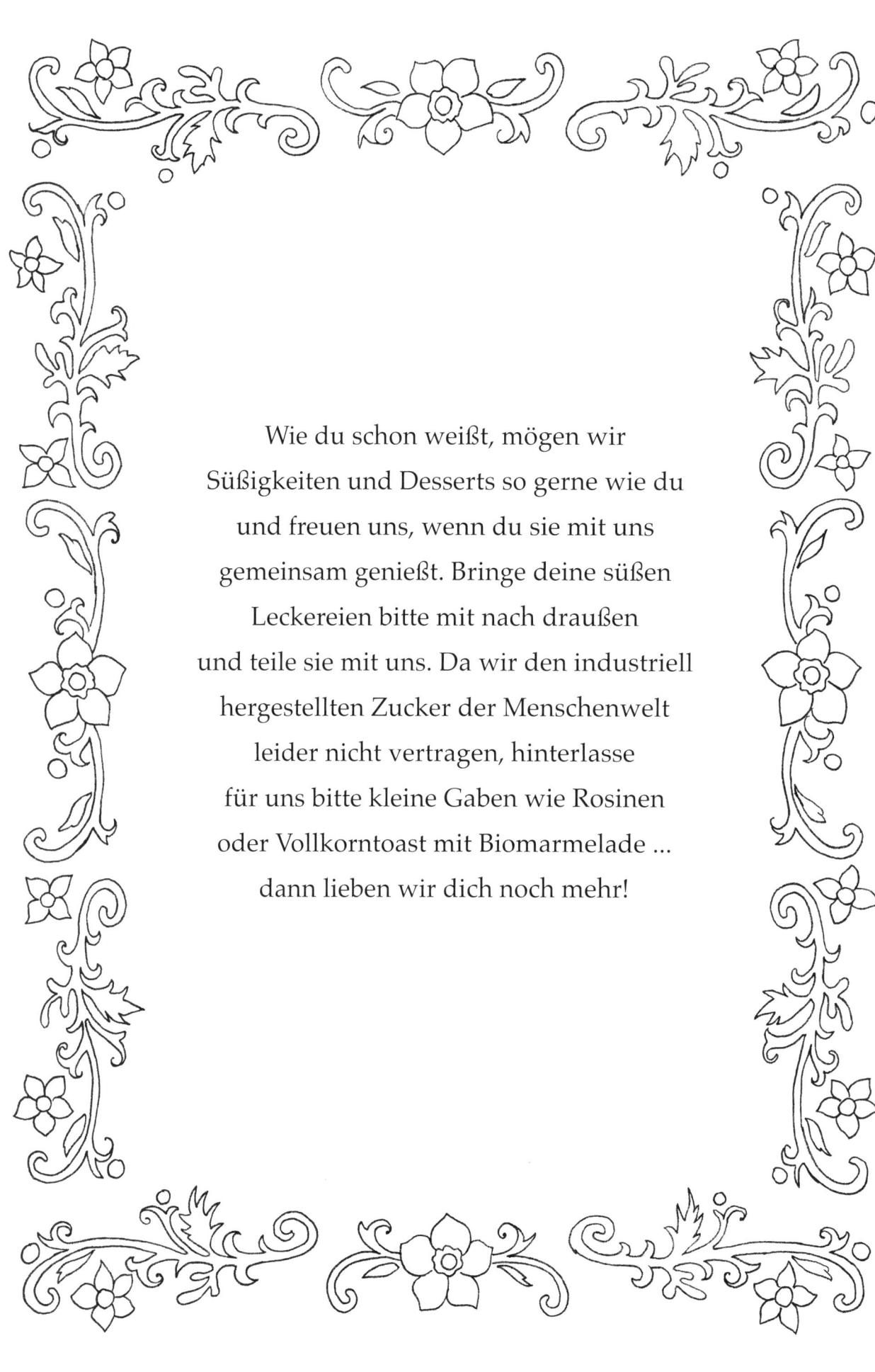

Wie du schon weißt, mögen wir
Süßigkeiten und Desserts so gerne wie du
und freuen uns, wenn du sie mit uns
gemeinsam genießt. Bringe deine süßen
Leckereien bitte mit nach draußen
und teile sie mit uns. Da wir den industriell
hergestellten Zucker der Menschenwelt
leider nicht vertragen, hinterlasse
für uns bitte kleine Gaben wie Rosinen
oder Vollkorntoast mit Biomarmelade ...
dann lieben wir dich noch mehr!

Wir Elementarwesen sind zuständig
für das Reich der Mineralien und Kristalle
und wohnen daher in der Erde.
Eine besondere Freude bereitest du uns,
wenn du funkelnde Kristalle in deinem
Garten auslegst. Die Kristalle verströmen
eine Lebensenergie, welche die
Schwingungen in deinem Garten erhöht.
Die Lichtfunken, die von kristallinen Steinen
und Schmuckkristallen ausgestrahlt werden,
sind ein Geschenk für die Pflanzen
in deinem Garten ... und eine Einladung
für noch üppigere Pflanzenpracht.

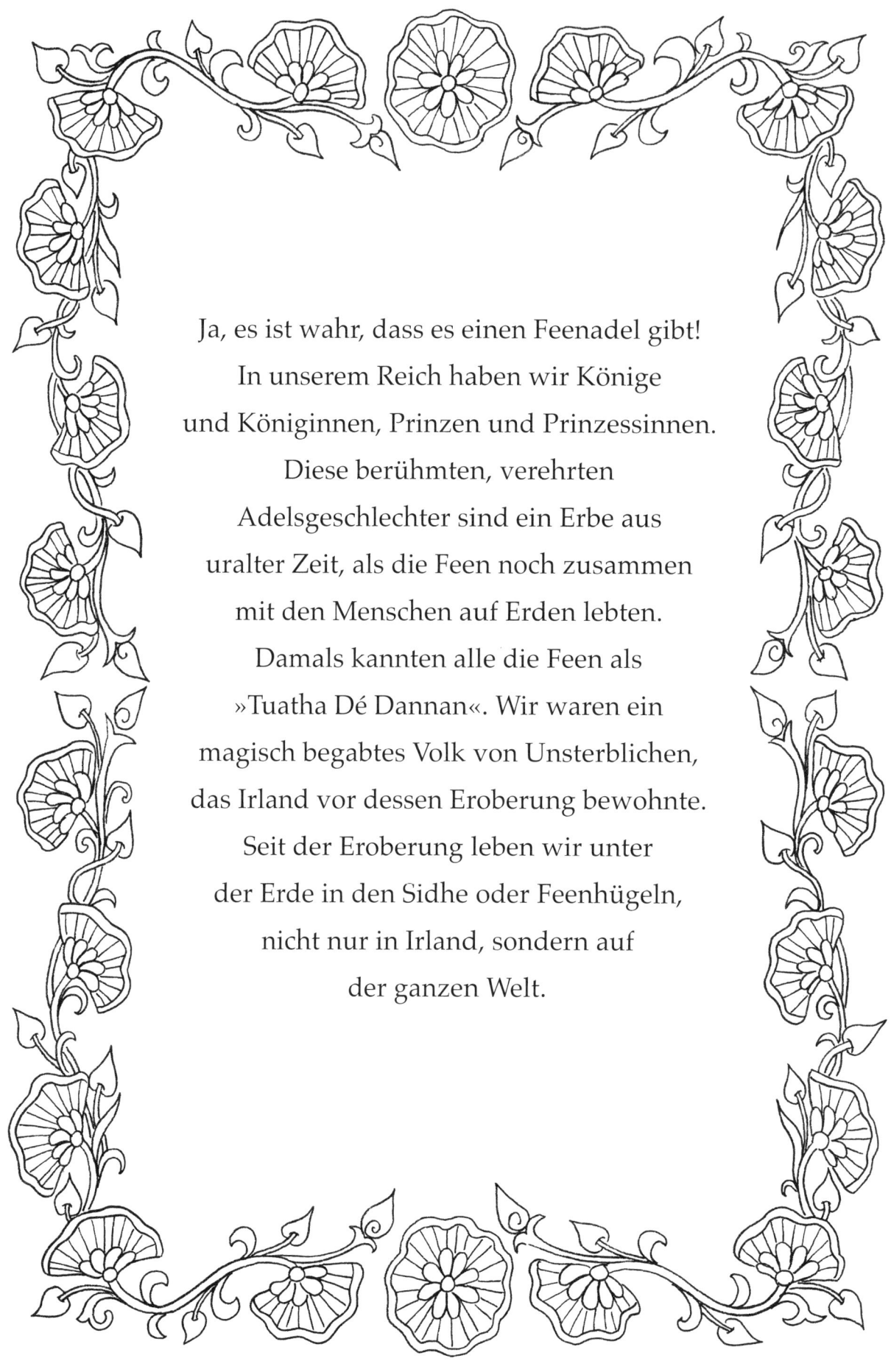

Ja, es ist wahr, dass es einen Feenadel gibt!
In unserem Reich haben wir Könige
und Königinnen, Prinzen und Prinzessinnen.
Diese berühmten, verehrten
Adelsgeschlechter sind ein Erbe aus
uralter Zeit, als die Feen noch zusammen
mit den Menschen auf Erden lebten.
Damals kannten alle die Feen als
»Tuatha Dé Dannan«. Wir waren ein
magisch begabtes Volk von Unsterblichen,
das Irland vor dessen Eroberung bewohnte.
Seit der Eroberung leben wir unter
der Erde in den Sidhe oder Feenhügeln,
nicht nur in Irland, sondern auf
der ganzen Welt.

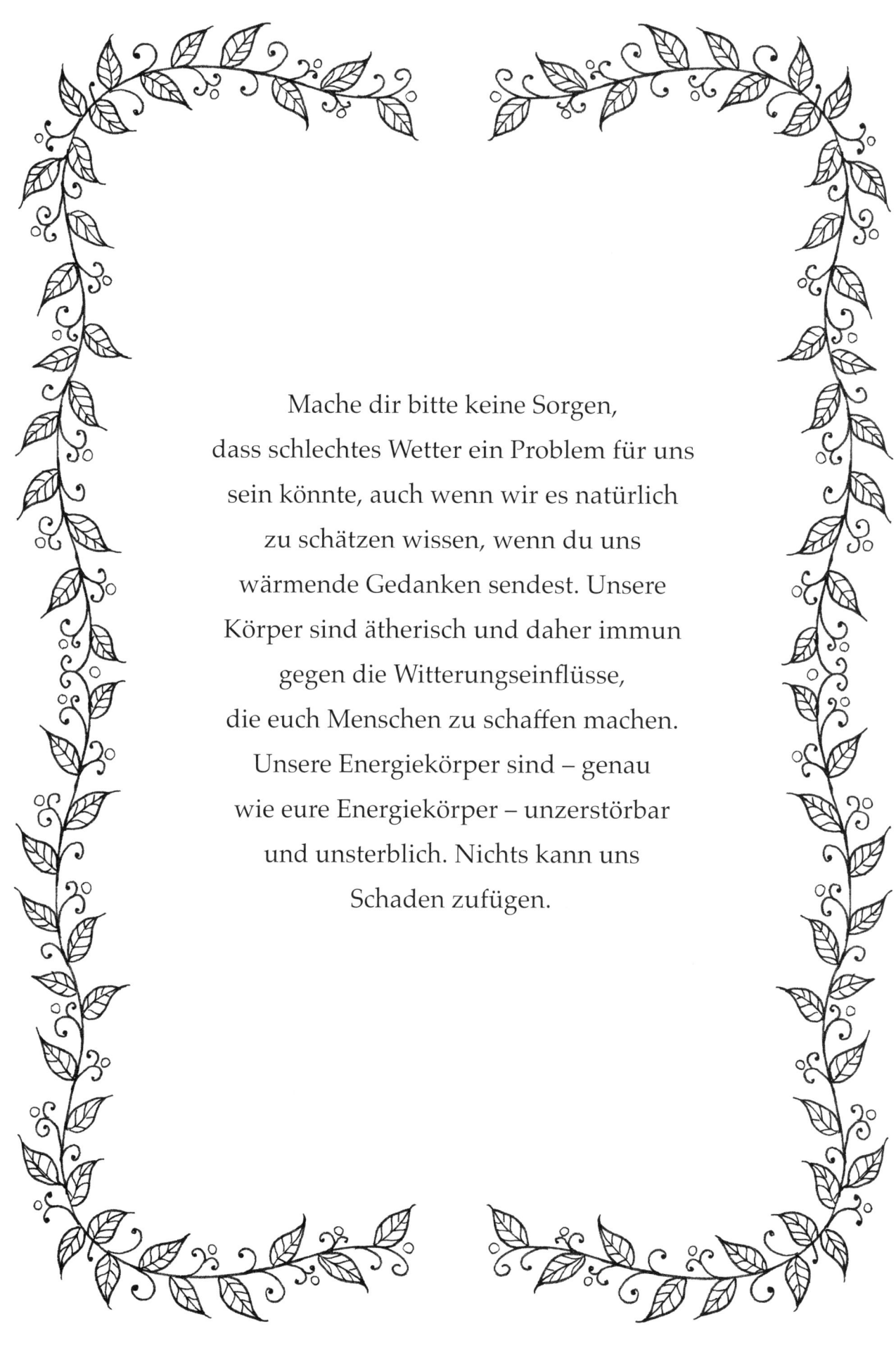

Mache dir bitte keine Sorgen,
dass schlechtes Wetter ein Problem für uns
sein könnte, auch wenn wir es natürlich
zu schätzen wissen, wenn du uns
wärmende Gedanken sendest. Unsere
Körper sind ätherisch und daher immun
gegen die Witterungseinflüsse,
die euch Menschen zu schaffen machen.
Unsere Energiekörper sind – genau
wie eure Energiekörper – unzerstörbar
und unsterblich. Nichts kann uns
Schaden zufügen.

Wir wissen deine Liebe und warmherzige
Gastfreundschaft zu schätzen,
denn wir lieben dich auch! Wir haben
hier auf der Erde einen Auftrag zu erfüllen.
Er besteht darin, das empfindliche
Gleichgewicht der Erde zu schützen und
zu erhalten. Wenn du uns respektierst
und unsere Anwesenheit anerkennst,
fühlen wir uns geliebt und wertgeschätzt.
Wenn du uns Geschenke machst,
in Form von Süßigkeiten, Glitzerschmuck
und kleinen Feenhäusern, sprühen wir
regelrecht vor Freude! Da du uns als
Freunde behandelst, werden wir alles tun,
um für dich die besten Freunde zu sein,
die du dir nur wünschen kannst!

## Über die Autorin

Doreen Virtue ist Autorin von über 50 Büchern und
Orakel-Kartensets, die sich mit spirituellen Themen befassen und
in viele Sprachen übersetzt wurden.
Die ausgebildete Psychologin wurde vor allem durch
ihre Arbeit mit den Engeln bekannt, weswegen sie
häufig die »Engel-Lady« genannt wird.
Doreen, die sich schon seit 1996 vegan ernährt,
setzt sich seit Langem aktiv für eine gesunde Umwelt ein, für
Tierrechte, saubere Luft und sauberes Wasser, und für
biologische, gentechnikfreie Lebensmittel,
die für alle Menschen erschwinglich sind. Sie ist häufig im
amerikanischen Fernsehen zu Gast, zum Beispiel
bei CNN oder Oprah, und moderiert auf
Hay House Radio eine eigene wöchentliche Sendung.
www.angeltherapy.com

## Über die Illustratorin

Norma J. Burnell ist zertifizierte Zentangle®-Lehrerin.
Sie hat an mehreren Büchern zum Thema Zentangle mitgewirkt
und kombiniert außerdem »Tangles«
mit ihrer eigenen Fantasy-Kunst. Auf diese Weise hat sie Fairy-
Tangles™ entwickelt. Diese Zeichnungen sind inzwischen als
Gummistempel sehr beliebt, um damit Postkarten und
Accessoires zu schmücken.
Die Originale verkauft sie an Sammler weltweit.
Derzeit arbeitet Norma als Grafikdesignerin für eine
kleine Firma, die Webseiten gestaltet. Sie leitet außerdem
Zeichenseminare und widmet sich ihrem eigenen künstlerischen
Schaffen. So lebt sie ihren Traum, ihre Kunst mit anderen
Menschen zu teilen.
www.fairy-tangles.com